Mein großes Bastel-Buch
Band 2

Band 2

Mein großes Bastel-Buch

Noch mehr Ideen vom Bastelbär

Zusammengestellt und überarbeitet von Sabine Cuno

Buchgestaltung von Kirsch & Korn

Otto Maier Ravensburg

Die Beiträge in diesem Buch haben ausgedacht und beschrieben:
Almuth Bartl, Susanne Becker, Klaus Bliesener, Birgit Bock,
Christl Burggraf, Sabine Cuno, Elisabeth Gloor, Barbara Grijpink,
Kirsch & Korn, Stefan Lemke, Roswitha Löhmer-Eigener, Sabine Lohf,
Ulrike und Wolfgang Metzger, Sylvia Öwerdieck, Beatrice Tanaka,
Marianne Weber.
Und gezeichnet: Susanne Becker, Klaus Bliesener, Christl Burggraf, Elisabeth Gloor,
Barbara Grijpink, Kirsch & Korn, Stefan Lemke, Roswitha Löhmer-Eigener,
Sabine Lohf, Wolfgang Metzger, Sylvia Öwerdieck und Beatrice Tanaka.
Fotografiert haben: Stefan Lemke, Ulrike Schneiders und
Thomas A. Weiss.

Die Bastelbärbilder malte Jutta Kirsch-Korn.

© 1992 by Ravensburger Buchverlag Otto Maier GmbH
Hrsg.: Sabine Cuno
Layout und Umschlaggestaltung: Kirsch & Korn, Tettnang
Fotos: Stefan Lemke, Ulrike Schneiders, Thomas A. Weiss
Printed in Germany

4 3 2 1   94 93 92

ISBN 3-473-37193-9

Inhaltsverzeichnis

Einleitung ... 7

Vier große Feste ... 9

Ostern ... 10
Ein Huhn auf der Tasse! ● ... 10
Blühender Eierkranz ● ... 11
Eierwerfen ● ... 12
Mein Kressehuhn ● ... 13
Bunter Osterbaum 👫 ... 14
Rezept: Gefüllte Ostereier ● ... 16
Rezept: Süße Häschen ● 👫 ... 16
Das zauberhafte Kaninchen ● ... 17

Muttertag ... 18
Bonbonblumen ● ... 18
Maikäfer zum Muttertag ● ... 18
Süß und hübsch verpackt ● ... 20
Muttertagskette ● ... 21

Geburtstag ... 22
Überraschungsbonbon ● ... 22
Mini-Micado ● ... 23
Blindes Huhn ● ... 25
Bunter Partyschmuck ● ... 26
Ein buntes Set für jeden Gast ● ... 28
Blüten im Haar ● ... 29
Bunte Geburtstagsblume ● ... 30
Große Märchenblume ● 👫 ... 31
Glitzernde Geschenke ● 👫 ... 33

Weihnachten ... 34
Ein Bäumchen für den Advent ● 👫 ... 34
Kleine Anhänger ● 👫 ... 35
Ein Nikolaus ● ... 37
Süßer Knabberzapfen ● ... 38
Weihnachtsspiel ● ... 39
Goldregen ● ... 40
Bunte Nußblüten ● ... 41
Weihnachtsschmuck ● ... 42
Bunte Weihnachtskette ● ... 44
Wer hat die schönsten Sterne? ● ... 44

Spielsachen selber machen ... 47
Ein Haus fährt in die Ferien ● 👫 ... 48
Das Bastelbär-Schmetterlings-Wackel-Dreirad ● 👫 ... 50
Die große Zirkusnummer 👫 ... 51
Yello, der turnende Kakadu 👫 ... 54
Mäusespiel ● ... 55
Wasserrad ● 👫 ... 56
Im Geisterschloß ● ... 58
Spielstraße ● ... 60
Segelschiffe ● ... 61
Pustekugel 👫 ... 62
Schildkrötenrennen ● ... 64
Stockenten fangen ● 👫 ... 65

Mit Nadel, Faden, Stoff und Knopf ... 67
Fingerpuppen ● 👫 ... 68
Minipuppen ● 👫 ... 69
Nadel-Igel ● ... 71
Allerhand aus Zöpfen ● ... 72
Gekräuseltes Stirnband ● ... 73
Wer mag weben? ● 👫 ... 74
Schöner Wandschmuck ● 👫 ... 75
Mit Knöpfen gemalt ● ... 76
Knopf an Knopf ● ... 77

Zum Schulanfang ... 79
Jetzt geht die Schule richtig los! ● ... 80
Stundenplan ● ... 81
Butler „Jumbo" ● 👫 ... 82
Mein Namensschild ● ... 84
Super-Eistüte 👫 ... 84
Bitte nicht stören! ● ... 87

Für Gärtner, Sammler und Indianer 89
    Kleine Welt im Glas ● 90
    Kleiner Kräutergarten ● 91
    Rezept: Die grüne Soße ● 92
    Winterfutter für die Vögel ● 93
    Botanisierköfferchen 👫 94
    Pflanzenpresse 👫 96
    Familie Robinson ● 👫 97
    Ein Haus für Familie Robinson ● 👫 98
    Rindenkanu ● 100
    Wanderstock ● 👫 101
    Wald- und Wiesenschmuck ● 101
    Für kleine Indianer ● 👫 102
    Lagerfeuer und Rauchzeichen ● 👫 104
    Das kocht die Indianerfrau ● 👫 104
    Holzbeil ● 👫 105
    Trage für Indianerkinder ● 👫 105

Am Wasser 107
    Rindenschiffchen 👫 108
    Das Badewannen-Mobil ● 109
    Abfall-Angler ● 110
    Wasserrad ● 👫 111
    Gummimotorboot 👫 112
    Schaufelradfloß 👫 114
    Unterwasserlupe ● 116
    Flaschentaucher ● 116

Es fliegt was in der Luft 119
    Papiertaube ● 120
    Flugdeckel ● 121
    Flugschrauber 👫 122
    Pusterohr ● 123
    Tollkühne Flieger ● 124
    UFOs ● 124
    Schachtel-Springer ● 126

Echt tierisch! ● 129
    Murmeltier ● 130
    Korko, die Ringelnatter ● 👫 131
    Katz und Maus ● 132
    Fliegenschnapper ● 134
    Katze Miau ● 136
    Dieser Vogel kann meckern ● 137
    Schwirri mit den langen Beinen ● 138
    Pferd ● 👫 140
    Zebra ● 141
    Paradiesvogel und Glückskäfer ● 143
    Bunter Vogelschwarm ● 👫 145
    Kleine Tiere kneten ● 147

Gute Besserung! 149
    Gute Besserung, Herr Bär! ● 150
    Der lustige Klappkarten-Hund ● 151
    Lange Schlange, liegst so lange ● 152
    Fingertheater ● 153
    Bilderrahmen ● 154
    Becherball ● 155
    Pfennig-Slalom ● 156
    Stabpüppchen ● 156
    Schwester Lucy ● 158
    Der Tassenschreck ● 159

Hier ist es: Dein zweites großes Bastelbuch – kunterbunt und proppenvoll mit original Bastelbär-ideen!

Die meisten Sachen sind so einfach, daß du sie ganz leicht nachbasteln kannst. Sie sind im Inhaltsverzeichnis mit einem ● markiert.
Manches solltest du noch nicht alleine machen, und weil vier Hände oftmals geschickter sind als zwei, bitte bei diesem Zeichen 🕺 jemand älteren um Hilfe.
Sicherheitshalber ein paar Tips vorweg:
1. Wenn du Korken und Papprollen zerschneiden oder Holz schnitzen willst, nimm ein richtig scharfes Messer. Mit einem stumpfen Messer rutscht man viel leichter ab – ein scharfes schneidet, wo es soll!
2. Immer nur abgebrannte Streichhölzer nehmen!
3. Eicheln und Kastanien mit einem Milchdosenöffner anbohren. Aber: Vorsicht!
4. Nur leere Konservendosen mit stumpfem Rand nehmen!

In den blauen Rähmchen steht alles, was du zum Basteln brauchst.
Zum Beispiel „Knickhalme". Das sind Kunststofftrinkhalme mit Knick.
Holzspatel sind die dünnen Holzstäbe, mit denen der Doktor die Zunge herunterdrückt, wenn er in den Hals schaut.
Butterbrotpapier nimmst zu zum Abpausen: Lege es auf das Pausmuster und zeichne dieses mit einem weichen Bleistift ab. Das Butterbrotpapier wieder umdrehen, auf das Bastelmaterial (Rückseite) legen, die Linien nochmals kräftig nachfahren – das Pausmuster ist abgedruckt.
Aus Papprollen kann man die tollsten Sachen machen. Also, ab heute keine leeren Rollen mehr wegwerfen!

Genug der Worte – deinen Mal- und Bastelkittel hast du ja auch schon angezogen – nun laß uns was tun!

Dein Bastelbär

Vier große Feste

Das sind Ostern, Muttertag, Geburtstag und Weihnachten.
Zu jedem dieser Feste möchtest du bestimmt deine Familie oder Freunde mit etwas Selbstgebasteltem überraschen.

Ob farbenfroher Zimmerschmuck, originelle Spiele oder liebevolle Geschenke und Verpackungen – auf den nächsten Seiten findest du über 40 Ideen für vier gelungene Feste.

Ostern

Ein Huhn auf der Tasse!

Dünner weißer Karton
Butterbrotpapier
Filzstifte oder
Wasserfarben
Schere

Den Anfang macht ein Huhn, das auf Tassen und Gläsern sitzen kann. Wie man es bastelt, will ich dir zeigen – es geht ganz leicht!

Nach dem Muster hier kannst du die Form abpausen. Übertrage sie auf den Karton und schneide sie aus. Für die Beine machst du zwei etwa 3,5 cm lange Einschnitte. Nun noch bunt anmalen, und fertig ist dein „Steck-Huhn" (Zeichnungen 1–2 nebenan).

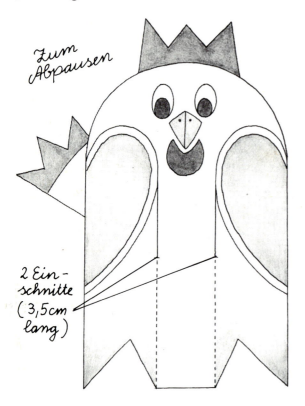

Zum Abpausen

2 Einschnitte (3,5 cm lang)

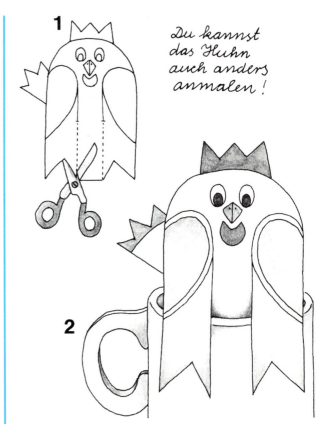

1

Du kannst das Huhn auch anders anmalen!

2

Magst du es auch einmal mit anderen Tieren versuchen, vielleicht mit einem Vogel oder einem Hasen?

Laßt mir auch noch was!

Blühender Eierkranz

Große Konservendose
5 Klopapierrollen
bunte Papiere
hellblaues Tonpapier
Butterbrotpapier
Schere, Klebstoff

Sicher wird sich die ganze Familie freuen, wenn du für den festlichen Ostertisch diesen hübschen, blühenden Eierkranz bastelst.

Du schneidest die 5 Klopapierrollen in der Mitte durch. Dann werden die Rollenstücke mit grünem Papier umklebt.

Die Blumenvorlage paust du ab, überträgst sie auf verschiedene bunte Papiere und schneidest die

Zum Abpausen

Blumen aus. Sie werden auf die einzelnen „Eierbecher" geklebt (Zeichnung 1).

1

Laß dir eine leere Konservendose geben und umklebe sie mit hellblauem Tonpapier.
Die Dose ist der Übertopf für eine blühende oder grüne Topfpflanze – oder eine Vase für einen bunten Blumenstrauß.
Die einzelnen Eierbecher mit hartgekochten Eiern stellst du dann einfach um den Blumentopf herum (Zeichnung 2).

Konservendose
2

Eierwerfen

3 niedrige Konservendosen
dünner Karton
Butterbrotpapier
Schere, Plakafarben

Für niedrige Blechdosen brauchst du nicht so tiefe Löcher graben!

Übertrage das Pausmuster dreimal auf den Karton.
Schneide die Hasen aus und male sie an.
Bei den Konservendosen solltest du darauf achten, daß der Rand keine scharfen Kanten mehr hat!
Suche dir für dein Spiel eine möglichst sandige Wiese.

Jetzt kannst du deine Dosen in die Erde eingraben, wie du es auf der Zeichnung unten siehst.
Stecke die Hasen auf die Dosen.
So geht das Eierwerfen:
Jeder Mitspieler versucht, seine Ostereier in die Dosen zu werfen oder zu rollen. Derjenige, der in die Dosen trifft und dessen Eier noch ganz sind, hat gewonnen.

Mit der offenen Dosenseite den Boden schichtweise abstechen.

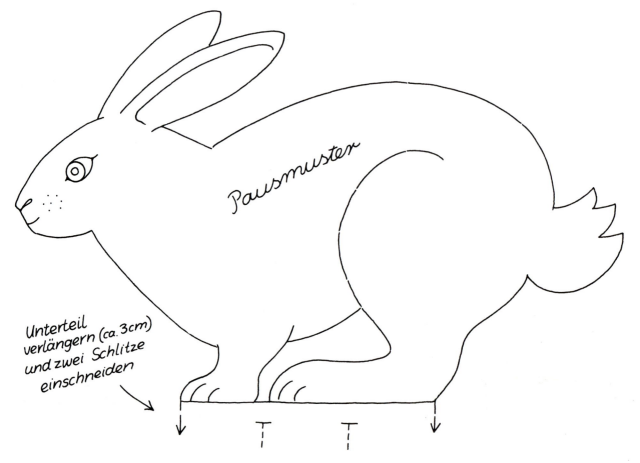

Pausmuster

Unterteil verlängern (ca. 3cm) und zwei Schlitze einschneiden

Mein Kressehuhn

1 Plastik-Quarkbecher
dünner weißer Karton
Butterbrotpapier
Schere, Filzstift
leere Küchenrolle
Küchenpapier
Kressesamen

Übertrage das Pausmuster auf den weißen Karton. Schneide die zwei Teile aus und bemale sie mit Filzstift. Schneide den Quarkbecher zur Hälfte ein. Stecke Kopf und Schwanz in die Schlitze. Jetzt kannst du die Küchenrolle so zuschneiden, daß sie locker in den Quarkbecher paßt. Umwickle sie mit Küchenpapier.

*Osterhäschen, Osterhas,
komm mal her, ich sag' dir was:
Laufe nicht an mir vorbei,
schenk mir doch ein buntes Ei!*

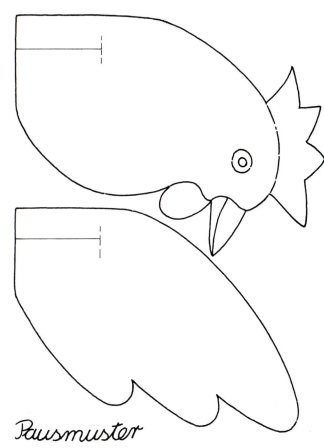

Pausmuster

Damit die Kressesamen gut auf der Küchenrolle haften, läßt du sie über Nacht in etwas Wasser quellen. Am nächsten Tag kannst du die Samen mit einem Messer aufstreichen. Befeuchte die Kresse jeden Tag, damit sie schön wachsen kann.

Bunter Osterbaum

2 Haselnußstöcke
Blumendraht
Tapetenkleister
Zeitungspapier
Klebefilm
grünes Kreppapier
3 m gelbes Geschenkband
bunte Bänder
ausgeblasene Eier
Wasserfarben, Perlen
Streichhölzer
2 Reißnägel

Biege einen dünnen Haselnußstock zu einem Ring und verschließe ihn mit Blumendraht. Falte Zeitungspapier zu Streifen, umwickle den Ring mehrmals, so daß er mindestens 3 cm dick ist.

Bestreiche den ganzen Ring dick mit Kleister, laß diesen kurz einziehen. Reiße Streifen aus Zeitungspapier, bestreiche sie mit Kleister und umwickle damit das Ganze.

Ist aus dem Ring ein 4–5 cm dicker Kranz entstanden, so läßt du ihn zwei Tage trocknen. Schneide aus Kreppapier Streifen und umwickle deinen Kranz. Anfang und Ende klebst du mit Klebefilm fest.

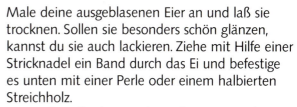

Male deine ausgeblasenen Eier an und laß sie trocknen. Sollen sie besonders schön glänzen, kannst du sie auch lackieren. Ziehe mit Hilfe einer Stricknadel ein Band durch das Ei und befestige es unten mit einer Perle oder einem halbierten Streichholz.
Wenn du willst, kannst du auch zwei Eier übereinanderhängen.

Einen dicken Haselnußstock kannst du schön verzieren, wenn du ihn mit einem scharfen Messer „ringelst". Wie das geht, siehst du auf der Zeichnung. Laß dir dabei von jemand Älterem helfen. Schneide von deinem Geschenkband dreimal einen Meter ab. Schlinge die Bänder um den Kranz und befestige sie oben am Stock mit einem Reißnagel. Achte darauf, daß dein Kranz gerade hängt. Die überstehenden Bänder legst du zu Schlaufen und befestigst diese ebenfalls mit einem Reißnagel, so daß eine Krone entsteht.

Knüpfe zwischen die Bänder mit den Eiern noch andere bunte Bänder. Der beste Ständer für deinen Osterbaum ist eine enge Bodenvase oder eine große Flasche, die du vorher beschwert hast.

Gefüllte Ostereier

6 Eier
80 g Frischkäse
1 Eßl. weiche Butter
3 Eßl. Mayonnaise
1 Sträußchen Petersilie
2 Scheiben grüne Gurke
etwas Salz
Zum Dekorieren:
5 Radieschen
grüne Gurke
1 Tomate
Petersilie

Eine Frühstücksüberraschung zum Aufessen, die du ganz alleine zubereiten kannst:
Zuerst die Eier mit kaltem Wasser aufsetzen und 8 Minuten kochen lassen. Sind die Eier abgekühlt, werden sie geschält und längs halbiert. Mit dem Eierlöffel holst du vorsichtig das Eigelb heraus und zerdrückst es mit einer Gabel. Nacheinander kommen Frischkäse, Butter und Mayonnaise hinzu. Verrühre alles zu einer glatten Creme. Abgewaschene Petersilie und Gurkenscheiben ganz klein schneiden und daruntermischen. Mit Salz abschmecken.
Mit dem grünen Mix werden nun die Eierhälften wieder gefüllt. Radieschen in Scheiben und aus Gurke und Tomaten Phantasieformen schneiden. Damit und mit der Petersilie kannst du zum Schluß die Eier verzieren.

Süße Häschen

600 g Mehl, 40 g Hefe
1/4 l Milch, 100 g Butter
2 Eier, 1 Prise Salz, Rosinen
60 g Zucker, Zitronenschale
1 Ei, Puderzucker

Aus den Zutaten einen Hefeteig zubereiten. Den Teig 1 cm dick ausrollen. Mit dem Messer Osterhasen ausschneiden und auf das gebutterte Backblech legen.
Die Hasen mit einem verquirlten Eigelb bestreichen, Rosinen als Augen in den Teig drücken und nochmals alles 15 Minuten gehen lassen. Die Hasen müssen 15 Minuten backen. Wenn sie etwas ausgekühlt sind, verziere sie noch mit Zuckerguß.

Das zauberhafte Kaninchen

1 leere Streichholzschachtel
dünner weißer Karton
Butterbrotpapier
Filzstifte
Schere, Klebstoff

Übertrage das Kaninchen auf weißen Karton und male alles an. Dann trennst du die Hülse der Streichholzschachtel auf und knickst die Hülse so nach hinten, daß du das Kartonteil mit dem Kaninchen aufkleben kannst. Den oberen Teil klebst du mit der ganzen Fläche auf, die Klebelasche klebst du am unteren Hülsenteil fest. Nun kannst du die Hülse wieder schließen.

Probiere noch, ob sich die Schachtel gut rein- und rausschieben läßt.

So zauberst du:
Du hältst die aufgeklappte Streichholzschachtel so in der hohlen Hand, daß das Kaninchen deine Zuschauer anlächelt.
Zeige dann deine andere, leere Hand und fahre mit ihr über die Hand, die das Kaninchen hält. Blitzschnell schließt du nun diese Hand, und damit klappt die Streichholzschachtel zusammen (gut üben!) Mit der freien Hand holst du nun die Schachtel (mit Daumen und Zeigefinger an den Reibeflächen halten) aus der geschlossenen Hand.

Muttertag

Bonbonblumen

Kreppapier in verschiedenen Farben
Blumenstützdraht
verschiedenfarbige eingewickelte Bonbons
1 trockener Zweig
grüne Plakafarbe, Pinsel

Diese Bonbonblumen sehen besonders schön aus, wenn du sie mit echten grünen Blättern zu einem großen Strauß bindest. Die Blätter bekommst du aus dem Garten oder im Blumenladen.

Für 1 Blüte schneidest du einen 60 cm langen und 7 cm breiten Kreppapierstreifen zurecht.

Dann wickle den Streifen kräuselnd um das Bonbon herum (Zeichnung 1). Mit dem Draht werden Blütenende und das untere Bonbonpapier fest umwickelt. Der Rest des Drahtes ist der Blumenstiel (Zeichnung 2).

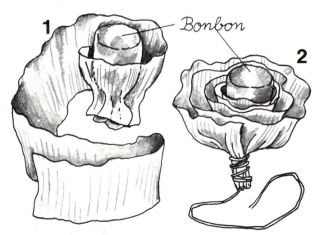

Mit den Bonbonblumen kannst du aber auch einen schöngewachsenen Zweig in ein buntes Muttertagsbäumchen verwandeln.

Und das geht so:
Du malst den Zweig mit grüner Plakafarbe an und stellst ihn in ein mit Sand gefülltes Gefäß. Mit den Blumenstielen befestigst du die Bonbonblüten – schön verteilt – am Zweig.

Maikäfer zum Muttertag

1 Schuhkarton
Zeichenpapier
schwarzer Fotokarton
grünes Tonpapier
grünes Seidenpapier
braunes Packpapier

Die Käferform schneidest du aus dem schwarzen Fotokarton und klebst die Flügel aus braunem Packpapier auf. Den fertigen Käfer kannst du nun auf ein kleines Geschenk kleben (Seife, Wollknäuel, Schokolade …).

Auf die mit Zeichenpapier bezogene Schachtel malst du Blätter und Zweige. Innen kleidest du sie mit grünem Tonpapier aus.

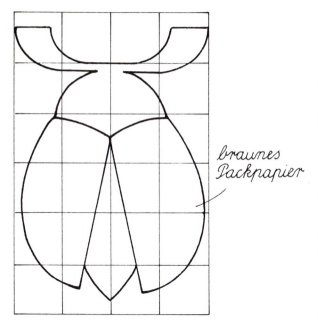

braunes Packpapier

Zeichne das Netz mit 4 x 4 cm großen Quadraten, dann hast du den Käfer in der richtigen Größe

Geschenk auf die Unterseite kleben

Setze den Käfer in leicht zerknülltes grünes Seidenpapier und lege noch ein paar ausgeschnittene Blätter dazu.
Mit dieser Verpackung wird das kleinste Geschenk ganz groß!

Süß und hübsch verpackt

Unverpackte Bonbons
oder Pralinen
Seidenpapier
dünner farbiger Karton
Butterbrotpapier
Woll- oder Geschenk-
bandreste
Schere, Klebstoff

Du kannst dein süßes Geschenk aber auch in einem hübschen Karton verpacken.

Pause dazu das Muster von nebenan ab und übertrage es zweimal auf dünnen Karton, den du vorher in der Mitte gefaltet hast. Die beiden Streifen klebst du über Kreuz aufeinander und bohrst in jede Spitze ein Loch (Zeichnung 3).

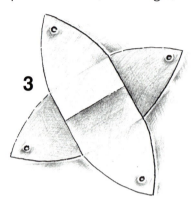

Willst du Süßigkeiten einmal selber verpacken, bevor du sie verschenkst? Dann sieh dir mal die nächsten Zeichnungen an.

Das Seidenpapier muß etwa 6 cm größer als das Bonbon oder die Praline zugeschnitten werden. Schneide an zwei Enden 2 cm lange Fransen ein, lege die Süßigkeiten hinein und drehe die Enden zu (Zeichnung 1 + 2).

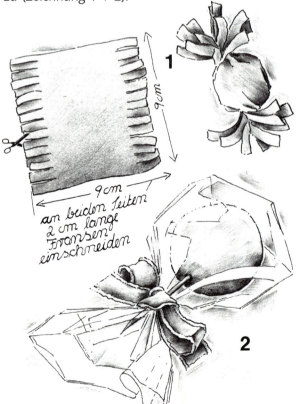

Auf Zeichnung 4 siehst du, wie die Spitzen hochgeknickt werden.

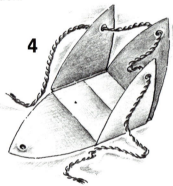

Nachdem du die Bonbons oder Pralinen in die Schachtel getan hast, ziehst du ein Band durch die 4 Löcher und verschließt die Schachtel mit einer Schleife (Zeichnung 5).

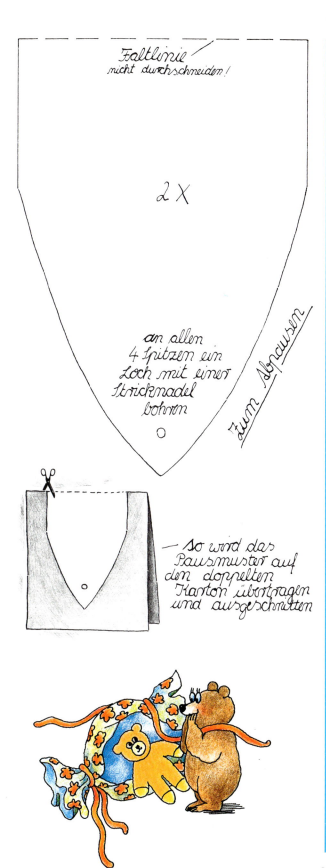

Muttertagskette

4 Klopapierrollen
bunte Geschenkpapiere
breites Geschenkband
Schere, Klebstoff

Für diesen schönen Schmuck brauchst du viele Riesen-Papp-Perlen, denn eine Muttertagskette kann gar nicht groß genug sein. Die bunten Perlen sind schnell gebastelt und sehen toll aus!

Jede Klopapierrolle schneidest du zweimal durch, so daß immer 3 große Ringe entstehen.

Diese umklebst du mit verschiedenen Geschenkpapieren. Wenn alle Perlen fertig sind, fädelst du sie auf das breite Geschenkband (Zeichnung).

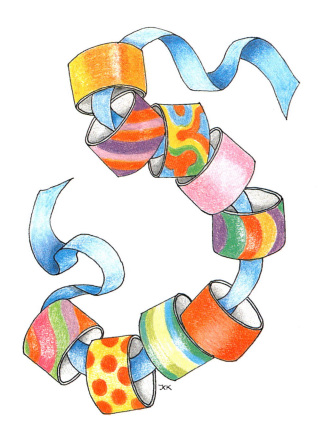

Geburtstag

Überraschungsbonbon

1 Klopapierrolle
farbiges Kreppapier
bunte Papiere
Schere, Klebstoff
kleines Geschenk

In diesem Bonbon kannst du ein kleines Geschenk verstecken. Oder du bastelst verschiedene Bonbons für die Verlosung bei deiner nächsten Geburtstagsparty.

Mit einem Stück Kreppapier (35 cm breit und 50 cm lang) umklebst du eine Klopapierrolle (Zeichnung 1). Dann schneidest du an jedem Ende 9 cm lange Fransen ein. Diese Fransen werden dicht vor dem Rollenende etwas zusammengedreht und dann ins Innere der Rolle gedrückt (Zeichnung 2 und 3). Nun umklebst du die Rolle noch mit bunten Papierstreifen.

Wichtig: Bevor du die Fransen zusammendrehst, wird das kleine Geschenk in die Rolle gelegt.

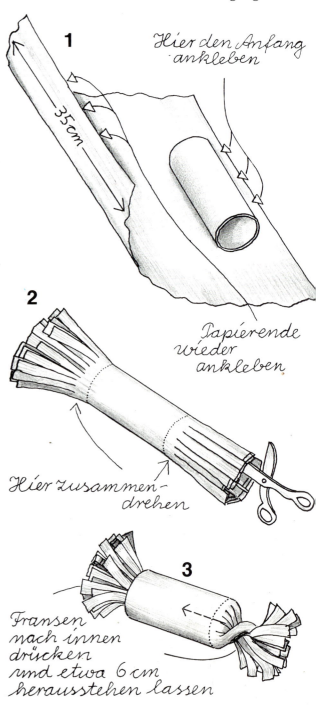

Mini-Micado

31 runde Holzzahnstocher
1 kleine Schachtel
farbiges Papier
Butterbrotpapier
Filzstifte
Schere, Klebstoff

Buchstaben zum Abpausen

Kennst du das Spiel „Micado"?
Es ist ein sehr altes Spiel und kommt aus Japan.
In diesem Miniformat kannst du es nirgends kaufen, und deshalb ist das auch ein ganz besonderes Geschenk.

Die Zahnstocher werden so bemalt, wie es die Zeichnung auf Seite 24 zeigt. Dort steht auch, wie viele du von jeder Farbe brauchst und wie die einzelnen Stäbchen heißen.

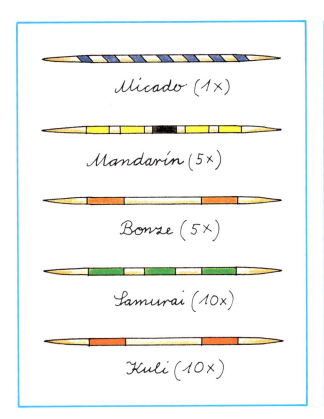

Die **Werte** der einzelnen Stäbchen:

Micado	(blau)	**20** Punkte
Mandarin	(schwarz-gelb)	**10** Punkte
Bonze	(orange)	**5** Punkte
Samurai	(grün)	**3** Punkte
Kuli	(rot)	**2** Punkte

Damit keines der Stäbchen verlorengeht, werden sie in einer richtigen kleinen Micado-Schachtel aufbewahrt. Dazu beklebst du eine Schachtel mit farbigem Papier. Die Buchstaben von nebenan kannst du abpausen und auf weißes Papier übertragen. Jetzt brauchst du sie nur noch bunt auszumalen, auszuschneiden und auf die Schachtel zu kleben. Die Micado-Spielregel kannst du in Schönschrift von unten abschreiben und zu den Stäbchen in die Micado-Schachtel legen. Na, ist das nicht ein hübsches Mini-Spiel?

Die Micado-Spielregel:
Einer nimmt alle Stäbchen in die Hand, stellt sie mit den Spitzen auf und läßt plötzlich los. Nun versucht er, ein Stäbchen nach dem anderen wieder aufzunehmen. Keines der Stäbchen darf beim Abheben oder Aufnehmen wackeln. Wenn dies geschieht, hört der Spieler auf, zählt die Werte seiner Stäbchen zusammen und schreibt die Summe auf. Wer den Micado oder einen Mandarin aufgenommen hat, kann damit übereinanderliegende Stäbchen abheben. Nun kommt der nächste an die Reihe. Wer nach einer oder mehr Runden die meisten Stäbchen hat, ist der „Micado-König". (Anstelle der Werte kann man auch die Stäbchen zählen.)

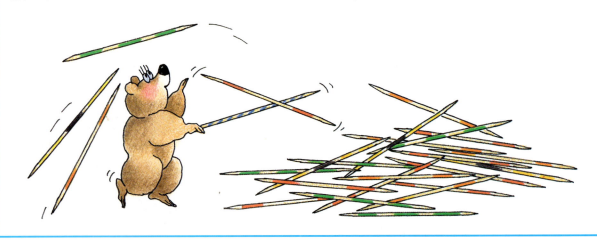

Blindes Huhn

Festes Papier
farbiges Papier
Butterbrotpapier
Gummifaden (etwa 25 cm)
Schere, Klebstoff
verschiedene Dinge aus dem Haus

Unten findest du das Pausmuster für die Maske. Übertrage es auf festes Papier, das du zuvor einmal in der Mitte gefaltet hast. Die Form ausschneiden und 2 Löcher bohren, durch die der Gummifaden gefädelt und dann verknotet wird.

Jetzt schneide aus dem farbigen Papier viele bunte Schuppen zurecht und beklebe damit die Maske. Den Kamm mit rotem Papier bekleben. Für den Schnabel wird ein etwa 5 x 5 cm großes Papier in der Mitte und an zwei Seiten gefaltet und angeklebt (Zeichnung unten).

Dieses Spiel werden deine Geburtstagsgäste bestimmt mit Begeisterung spielen.

Du brauchst dazu nur diese bunte Hühnermaske und verschiedene kleinere Dinge aus dem Haus, die man durch Tasten gut erkennen kann.

Zum Beispiel: Radiergummi, Klammer, Schere, Bleistift, Watte.

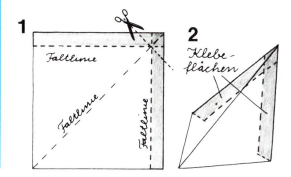

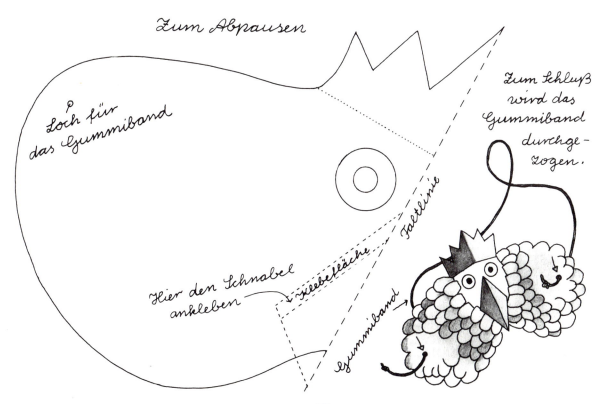

Und so geht das Spiel:

Zuerst werden etwa 20 kleine Dinge aus dem Haus zusammengesucht, das sind die „Körner". Die Spieler sitzen im Kreis, die „Körner" liegen auf einem Haufen in der Mitte. Jeder schaut noch einmal genau hin, dann wird alles mit einer Decke zugedeckt.

Einer bekommt die Hühnermaske vor die Augen. Sein linker Nachbar holt unter der Decke einen Gegenstand hervor und gibt ihn dem „blinden Huhn".

Dieses versucht nun durch Tasten herauszufinden, was das für ein Gegenstand ist. Benennt es ihn richtig, rufen alle Spieler: „Das blinde Huhn findet auch mal ein Korn!" Das Huhn darf sein Korn bis zum Spielende behalten und gibt die Maske seinem rechten Nachbarn weiter.

Wenn der Gegenstand falsch benannt wurde, rufen alle Spieler: „Das blinde Huhn findet diesmal kein Korn!" Der Gegenstand wird wieder unter die Decke gesteckt, und der nächste kommt dran.

Das Spiel ist zu Ende, wenn kein Korn mehr in der Mitte liegt. Wer die meisten Körner hat, ist Sieger.

Bunter Partyschmuck

Geburtstagsfest drinnen oder draußen – ein bißchen Schmuck gehört dazu. Mit diesem raschelnden Windspiel kannst du bunte Farbtupfer „aufhängen".

Ein Windspiel besteht aus zwei 40 x 40 cm großen Quadraten (jedes in einer anderen Farbe) und einer Kartonscheibe, die etwa 6 cm Durchmesser hat.

Falte die Quadrate (Zeichnungen 1–5) und schneide sie so ein, daß jeder Schnitt leicht über die Mitte hinausgeht (Zeichnung 6).

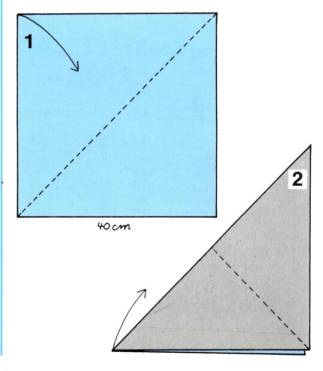

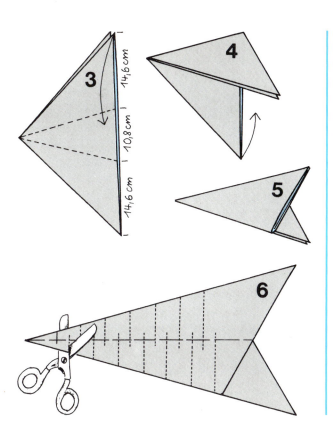

Nun *ganz vorsichtig* auseinanderfalten, denn Seidenpapier reißt sehr leicht ein.

Sind beide Teile fertig, werden sie mit einem Tupfer Klebstoff in der Mitte versetzt übereinandergeklebt. So kommen die zwei Farben am schönsten zur Geltung.

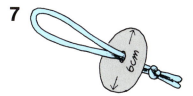

Damit du das Windspiel aufhängen kannst, brauchst du die Kartonscheibe und einen Faden.

Schneide die Scheibe mit einem Durchmesser von etwa 6 cm aus und klebe sie von unten in die Mitte des Seidenpapierteils. Nun wird noch eine Fadenschlaufe durchgezogen (Zeichnung 7), und das Schmücken kann beginnen.

Ein buntes Set für jeden Gast

Buntes Papier
Butterbrotpapier
Schere

Torten, Mohrenköpfe, Gummibären – all das sieht noch leckerer aus, wenn bunte Papiersets darunterliegen. Wie man sie selber macht, kannst du hier sehen. Falten, schneiden – fertig!

Du brauchst für jedes Set ein 30 x 30 cm großes Quadrat aus buntem Papier (kein Seidenpapier). Das Quadrat wird viermal gefaltet (Zeichnungen 1–5). Jetzt schneide das obere Dreieck ab.

Die Muster kannst du abpausen und auf das gefaltete Stück übertragen (Zeichnung 6). Ausschneiden und vorsichtig auseinanderfalten. Fertig ist ein schönes Set.

Magst du auch mal eigene Muster probieren?

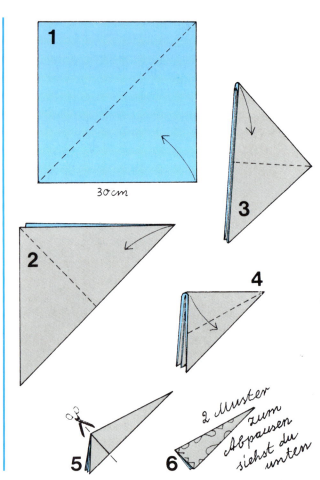

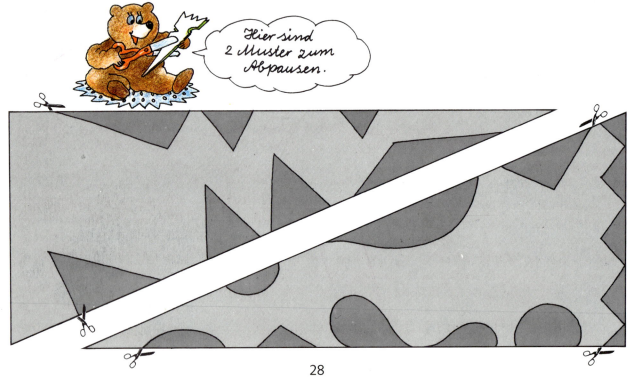

Hier sind 2 Muster zum Abpausen.

Blüten im Haar

Dünnes Tonpapier in verschiedenen Farben
Butterbrotpapier, Schere
bunte Holzperlen, Nadel
Baumwollfaden (1 m lang)

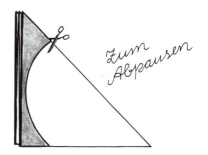

Zum Abpausen

Ein Blütenkranz für das Geburtstagskind. Du kannst ihn verschenken oder selbst an deinem Geburtstag tragen. Oder verrate die Idee doch mal eurer Kindergärtnerin …

Du faltest 1 Papierquadrat nach den Zeichnungen 1–5. Dann paust du die Blütenblattform ab, überträgst sie auf das gefaltete Dreieck (Zeichnung 5) und schneidest die Form aus.

Jetzt wird die Blüte auseinandergefaltet und so zurechtgeknickt, wie es die Zeichnung 6 zeigt.

Danach faltest du die Blüte noch 1 x zusammen und stichst mit einer Nadel ein Loch durch das doppelte Papier (Zeichnung 7).

Nun stichst du mit Nadel und Faden durch das erste Loch der aufgemalten Blüte – von hinten nach vorn. Dann wird eine Perle als Blütenmitte aufgefädelt, anschließend stichst du durch das zweite Loch wieder zurück nach hinten (Zeichnung 8). Gleich daneben wird die nächste Blüte auf die gleiche Weise aufgefädelt.
Dein Haarschmuck braucht 7–8 Blüten. Für das Zusammenbinden des Kranzes muß links und rechts der Blüten genügend Faden übrigbleiben.

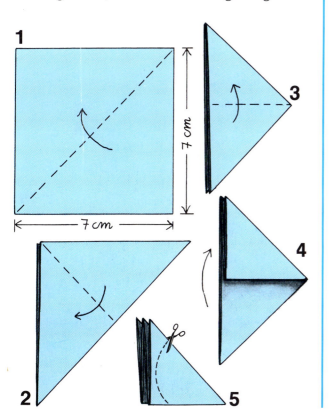

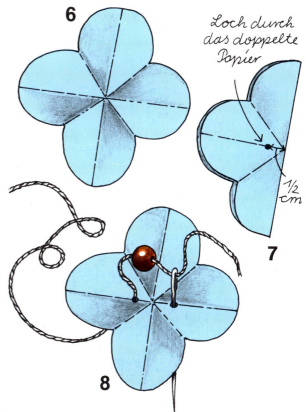

Loch durch das doppelte Papier

Bunte Geburtstagsblume

Dünnes Tonpapier in
3 verschiedenen Farben
1 Holzperle
Klebstoff, Klebefilm
Schere, Sicherheitsnadel

Die leuchtende Ansteckblume aus Papier und einer Perle bastelst du dir sicher in deinen Lieblingsfarben. Vielleicht hast du aber auch Lust, für jeden deiner Gäste eine solche Geburtstagsblume als Erinnerung zu basteln.

Für eine Blume schneidest du dir aus Tonpapier 3 verschieden große Quadrate (9 x 9 cm, 8 x 8 cm, 6 x 6 cm). Jedes Quadrat wird so gefaltet, wie es die Zeichnungen 1–5 zeigen.

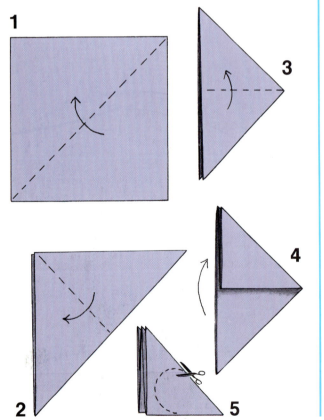

Die 3 abgepausten Blütenblattformen überträgst du auf die gefalteten Dreiecke (Zeichnung 5) und schneidest die Formen aus.

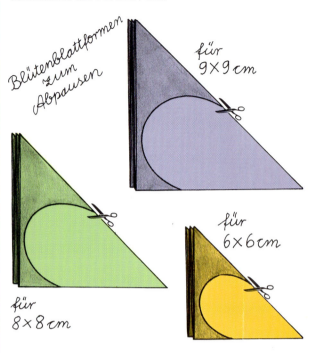

Die Blütenteile werden aufgefaltet und in die gewünschte Form geknickt (Zeichnung 6). Dann klebst du die 3 verschieden großen Blütenteile aufeinander.

Nun klebst du noch 1 Holzperle in die Mitte der Blüte (Zeichnung 7) und befestigst auf der Rückseite 1 Sicherheitsnadel mit Klebefilm (Zeichnung 8).

und 3 zeigen. Die fertigen „Staubgefäße" bindest du mit einem Blumenstützdraht zu einem Sträußchen zusammen (Zeichnung 4).

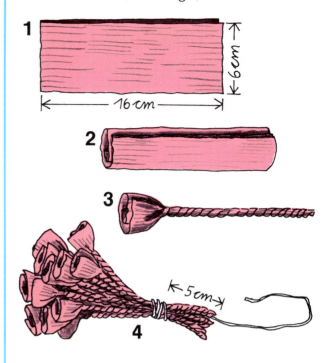

Große Märchenblume

Kreppapier in 7 Farben
Klebefilm
Blumenstützdraht
Schere, Klebstoff

Wenn du die märchenhafte Märchenblume gebastelt hast, denkst du dir vielleicht noch ein kleines Märchen dazu aus. Das schreibst du dann in deiner schönsten Handschrift auf und verschenkst es zusammen mit der Blume.

Für die großen Staubgefäße brauchst du 11 Kreppapierstreifen (32 x 6 cm) in 2 Farben – dabei läuft die Maserung längs des Streifens. Jeder Streifen wird nun 1 x geknickt (Zeichnung 1) und so zusammengedreht, wie es die Zeichnungen 2

Für die innere Blüte schneidest du einen 17 x 80 cm großen Kreppapierstreifen. Diesen faltest du 4 x übereinander und schneidest dann an der oberen Kante einen Bogen (Zeichnung 5–10).

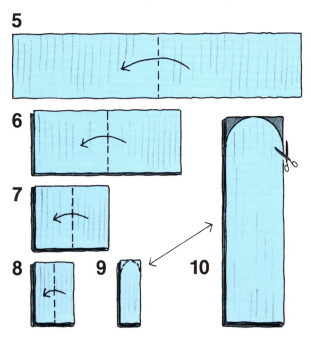

Der Streifen wird aufgefaltet und zwischen den Bögen 6 cm tief eingeschnitten (Zeichnung 11). Dann kräuselst du den Kreppapierstreifen um die Staubgefäße herum und klebst unten alles mit Klebefilm fest zusammen (Zeichnung 12).

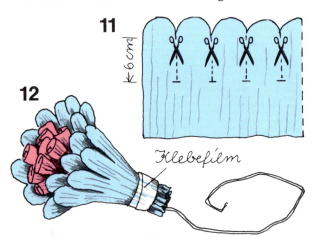

Die 4 Außenblüten in 4 verschiedenen Farben bastelst du wie die Innenblüte (Zeichnung 5–11). Jede Blüte wird für sich zusammengekräuselt und unten mit Klebefilm fest umwickelt (Zeichnung 13).

Danach klebst du die 4 Außenblüten nach und nach mit Klebstoff unten an die Innenblüte. Außerdem wird hier noch alles mit einem Blumenstützdraht fest zusammengebunden (Zeichnung 14).

Wenn du magst, kannst du die Bindestelle und den Stiel noch mit einem 5 cm breiten, grünen Kreppapierstreifen umwickeln, dabei werden Anfang und Ende angeklebt.

*Bunte Blumen aus Papier,
liebe Jule,
schenk ich dir!
Schau,
wie meine Blumen sprießen!
Niemals brauchst du sie
zu gießen.*

Glitzernde Geschenke

Leere Käseschachteln
Watte, Alufolie
Stanniolpapierchen
Metallfolie
Perlen, Kordeln
stabile Pappröhre
Versandklammer
Schere, Klebstoff

Verschiedene Armreifen

Fingerringe entstehen aus einer Stanniolpapierperle und einer großen Versandklammer. Drücke mit einem Bleistift eine Vertiefung in die Perle und klebe den Knopf der Klammer darin fest.

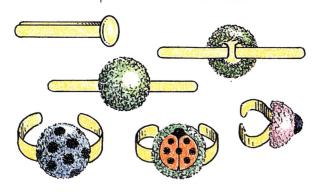

Sammle zuerst bunte Stanniolpapierchen.
Die **Schmuckschatulle** bekommt einen gewölbten Deckel, wenn du den Schachteldeckel vor dem Beziehen mit Watte polsterst.
Überziehe beide Schachtelteile mit Alufolie. Dann wird die Schachtel mit Stanniolpapierchen, Metallfolie, Perlen und Kordeln verziert.

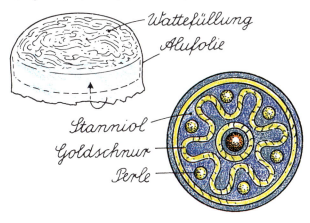

Wattefüllung
Alufolie
Stanniol
Goldschnur
Perle

Laß dir von einem Erwachsenen unterschiedliche Ringe aus einer stabilen Pappröhre sägen.
Diese **Armreifen** beklebst du mit verschiedenen Stanniolpapierchen.

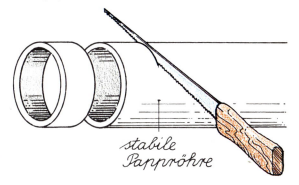

stabile Pappröhre

Weihnachten

Ein Bäumchen für den Advent

26 Klopapierrollen
1 mittelgroße Schachtel
feste Pappe
rotes Kreppapier
grüne Plakafarbe, Pinsel
24 große, gelbe Klebepunkte
Filzstift, Klebstoff
Schere, Zirkel

Dieses grüne Bäumchen ist ein Adventskalender. Jeden Tag – vom 1. bis zum 24. Dezember – darf sich jemand ein kleines Geschenk aus dem Bäumchen nehmen. Und in der Schachtel sind für **alle** Kinder kleine Weihnachtsgeschenke drin.

Du klebst einen Turm aus 1 Schachtel, 4 Papprollen und 3 Pappscheiben mit 10, 14 und 16 cm Durchmesser (Zeichnung 1). Die Kreise für die Scheiben zeichnest du mit dem Zirkel auf die Pappe. Dann malst du den Turm und die restlichen 22 Papprollen mit grüner Farbe an. Alles gut trocknen lassen!

In jede der 22 Rollen schneidest du an einem Ende zwei 2 cm lange Schlitze ein (Zeichnung 2). Die Zeichnung 3 zeigt dir, wie die Rollen an die Pappscheiben gesteckt werden.

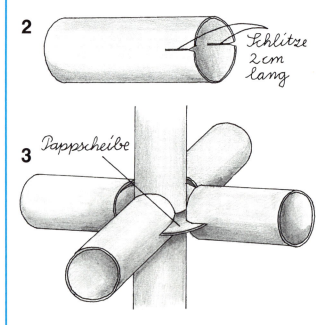

An die obere Scheibe steckst du 4 Rollen, an die mittlere 8 Rollen und an die untere Scheibe 10 Rollen. Auf die Klebepunkte schreibst du die Zahlen 1–24 und klebst sie auf die Rollen und die Schachtel (Zeichnung 4).

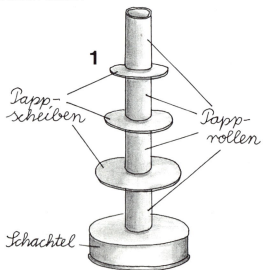

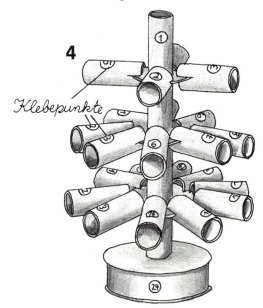

Zum Schluß müssen noch die kleinen Überraschungspäckchen gebastelt werden. Bitte deine Eltern darum, denn du darfst ja nicht wissen, was für Geschenke sie in das Bäumchen stecken wollen.
Zum Beispiel: Nüsse, Bonbons, Kaugummis, Gutscheine, Mini-Autos und andere kleine Sachen...
Sie werden in 15 cm breite und 30 cm lange Kreppapierstreifen eingewickelt. An einem Ende schneidet man 5 cm lange Fransen, beide Enden werden zugedreht.

Kleine Anhänger

Kleinere Zapfen
Walnüsse, Papierkugeln
Stoff-, Filz- und
Wollreste, Metallpapier
Filzstifte, Wasserfarben
Nadel, Faden
Schere, Klebstoff

Damit du diese kleinen Wichtel und Engel aufhängen kannst, mußt du folgendes machen:

Mit der Nadel einen doppelten Faden durch den Papierkugel-Kopf ziehen. Nadel und Faden hängenlassen. Haare, Hut oder Kopftuch basteln. Faden durchziehen und erst dann die Kopfbedeckung auf den Kopf und diesen an den „Körper" kleben (Zeichnungen auf der nächsten Seite).

Goldengel:

Ziehe einen Faden durch die Papierkugel und male das Gesicht auf. Haare und Flügel werden aus Metallpapier ausgeschnitten. Ziehe den Faden durch die Haare, klebe sie fest und schneide sie ringsherum ein. Bestreiche die Zapfenspitze mit Klebstoff und stecke sie in das Loch der Kugel. Zum Schluß klebe die Flügel auf den Zapfen.

Sterntalerchen:

Eine Walnuß vorsichtig öffnen und aushöhlen. Ein Stückchen Papier zusammenknüllen, einen Faden hindurchziehen und in eine Nußhälfte legen. Nun beide Nußhälften wieder zusammenkleben. Nadel und Faden müssen heraushängen! Ein Stück Filz mit Sternen bekleben und um die Nuß kleben.

Kleine Wichtelfrau:

Einen Faden durch die Kugel ziehen und das Gesicht aufmalen. Aus Wollresten Haare aufkleben. Durch das kleine Kopftuch erst den Faden durchziehen, dann festkleben! Kopf und Zapfen zusammenstecken und das Kopftuch verknoten.

Einen größeren Stern ausschneiden und auffädeln. Dann die Papierkugel auffädeln. Die Haare machst du genauso wie beim „Goldengel".

Hübsch ist es auch, wenn du die kleinen Figuren als Geschenkanhänger an Weihnachtspäckchen hängst.

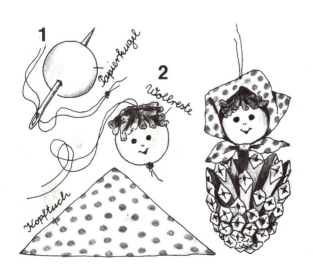

Ein Nikolaus

1 Apfel, 1 Walnuß
Filzreste, Watte
Filzstifte
Schere, Klebstoff

Zum Nikolaus einen Nikolaus!

Auf Seite 38 siehst du, wie er gebastelt wird:
Auf die Walnuß malst du zuerst das Gesicht.
(Die Nußspitze ist der „Hals".) Klebe Haare und
einen Bart aus Watte darum. Für die Zipfelmütze
wird ein dreieckiges Stück Filz zu einer Tüte
zusammengeklebt. Der Pompon ist aus Watte.
Klebe die Mütze auf dem Kopf fest.
Nun wird ein großer, rotbackiger Apfel gut poliert.
Auf die Blüte kommt ein Tupfer Klebstoff, und
darauf drückst du den Kopf fest.

*Laßt uns froh und munter sein
und uns recht von Herzen freun!
Lustig, lustig, tralalalala –
bald ist Nikolausabend da,
bald ist Nikolausabend da.*

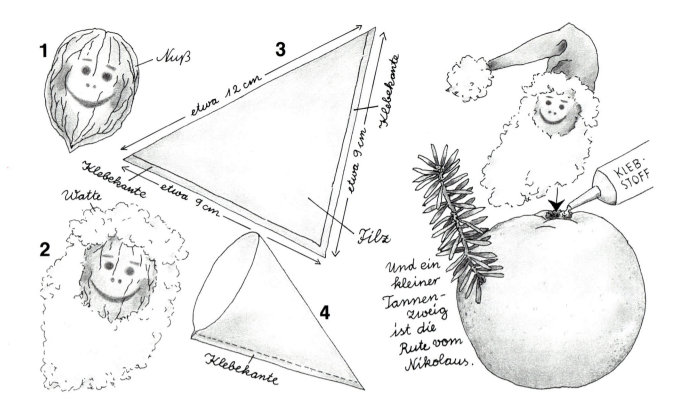

Süßer Knabber-Zapfen

1 großer Pinienzapfen
(aus dem Bastelgeschäft)
1 Beutel Schokoplätzchen
5 Eßlöffel Puderzucker
1 Eßlöffel Wasser
Backpinsel
Knetmasse

Mit diesem süßen Knabber-Zapfen kannst du deine Eltern am Nikolaustag überraschen.

Forme zuerst aus etwas Knete eine Scheibe, auf die der Zapfen gedrückt wird (Zeichnung nebenan); jetzt kann er nicht mehr umkippen.

Dann verrührst du Puderzucker und Wasser gut miteinander.
Der Zapfen wird nun „gefüllt": Fange an der Spitze an, bestreiche jede Schuppe mit Zuckerguß und setze darauf ein Plätzchen. (Du kannst auch rosa und weiße Schokolinsen nehmen.)

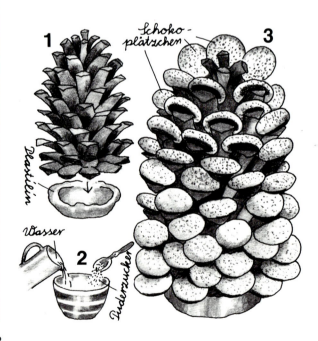

Weihnachtsspiel

Weißer Karton
Filzstifte, Farbstifte
Lineal, Schere

Schneide zunächst 20 Kärtchen (etwa 7,5 x 4,5 cm) aus. Hefte sie mit Klebefilm vorsichtig auf dem Tisch fest und übertrage darauf die Pausmuster. Du brauchst 4 Karten von jedem Motiv. Immer zwei Kärtchen sollten genau gleich bemalt werden (zum Beispiel zwei rote Stiefel und zwei gelbe Stiefel).

Wenn dir noch andere Weihnachtsmotive einfallen, kannst du auch mehr Kärtchen machen. Man muß nur genau sehen, daß immer zwei zusammengehören.

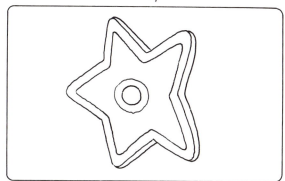

SPIELREGEL

Die Kärtchen werden verdeckt ausgelegt. Jeder Spieler dreht zwei Kärtchen um und zeigt sie. Wer zwei gleiche umdreht, darf sie sammeln. Deckt ein Spieler eine Rute auf, so muß er sie offen zu sich legen. Erst wenn er eine zweite Rute aufdeckt, darf er beide zurücklegen und mit den noch ausliegenden Karten mischen. Wenn nur noch vier Kärtchen ausliegen, ist das Spiel beendet. Gewonnen hat der, der die meisten Bildpaare und kein Rutenkärtchen hat.

Goldregen

Viele ganze Walnüsse
Goldbronze, Pinsel
dünne Goldschnur
Schere, Klebstoff

Ein Weihnachtsbaum, der mit vielen goldenen Nüssen geschmückt ist, glänzt besonders festlich. Für jede Nuß brauchst du ein 25–50 cm langes Stück Goldschnur. Die beiden Enden werden miteinander verknotet. Dann bestreichst du den Rand einer Nußhälfte mit Klebstoff, legst den Knoten der Goldschnur beim Stielansatz hinein und drückst die andere passende Nußhälfte darauf (Zeichnung 1). Wenn der Klebstoff getrocknet ist, wird die Nuß mit Goldbronze bemalt.

hängst du mehrere Nüsse an eine längere Schnur, hast du eine Nußkette

Noch ein Tip: Statt einer Goldschnur kannst du auch feinen Blumendraht zwischen die Nußhälften kleben. Solche Goldnüsse lassen sich zusammen mit Tannenzweigen zu Kränzen oder weihnachtlichen Sträußen binden.

Adventsnüsse: Du kannst die Nüsse auch bunt bemalen und vor dem Zusammenkleben mit einer kleinen Überraschung füllen. Wenn du sie dann noch mit Klebstoff und Glimmer von 1 bis 24 numerierst, hast du einen ganz besonderen Adventskalender zum Verschenken (Zeichnung 2).

Bunte Nußblüten

Mehrere Walnußhälften
Goldbronze, Pinsel
Seidenpapier in
verschiedenen Farben
Schere, Klebstoff

Pausmuster auf doppelt gelegtes Seidenpapier übertragen und ausschneiden

Die Nußhälften werden zuerst mit Goldbronze bemalt. Während sie trocknen, paust du den halben Stern mit einem einmal gefalteten Stück Seidenpapier ab und schneidest ihn aus.
In jede Nußhälfte werden 2 Sterne versetzt hineingeklebt.

Fülle die Nußblüten mit kleinen Leckereien (Rosinen, Haselnußkerne, Zuckermandeln …) und stelle sie als weihnachtlichen Tischschmuck zwischen Tannenzweige.

Weihnachtsschmuck

Wiesen-Bärenklau-Dolden
Mohnkapseln
Lärchenzapfen
Bucheckernschalen
Ahornsamen, Eicheln
Bindfaden, Goldfarbe
Schere, Klebstoff

Glänzende Sterne

Schon im Herbst mußt du auf die Suche gehen, dann ist der „Wiesen-Bärenklau" verblüht und setzt kleine Samen an. Du kannst ihn überall finden.

Knipse ihn mit dem Fingernagel kurz unter der Dolde ab und drücke ihn flach. Zu Hause wird er zwischen Zeitungspapier unter einem schweren Bücherstoß gepreßt.

Nach etwa 2 Wochen sind die Dolden ganz plattgedrückt und trocken, und du kannst sie mit der Goldfarbe anmalen.

An einem dünnen Faden hängst du die goldenen Natur-Sterne in den Weihnachtsbaum.

Goldene Mohnampeln

Der rote Klatschmohn hat die größten Kapseln. Auch er wird im Herbst gepflückt. Drehe ihn kopfüber, damit die kleinen Samen herausfallen. Dann male ihn mit der Goldfarbe an. Wenn die Farbe trocken ist, wird ein Faden um das „Krönchen" geknotet. Schneide den Stengel ab und hänge die kleinen Goldampeln an Tannenzweige.

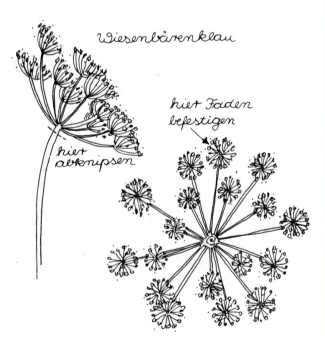

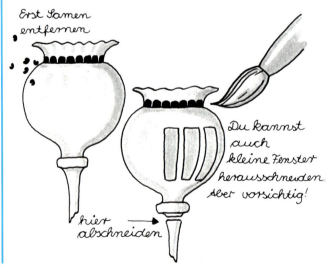

Engelchen

Ein Engelchen besteht aus einem Lärchenzapfen als Körper, einer Eichel als Kopf, einer Bucheckernschale als Haare und zwei Ahornsamen als Flügel.

Wenn du alle Teile zusammengeklebt hast, wird der Engel mit Goldfarbe angemalt. Befestige einen Faden an der Bucheckernschale – nun kann dein Engelchen „fliegen"…

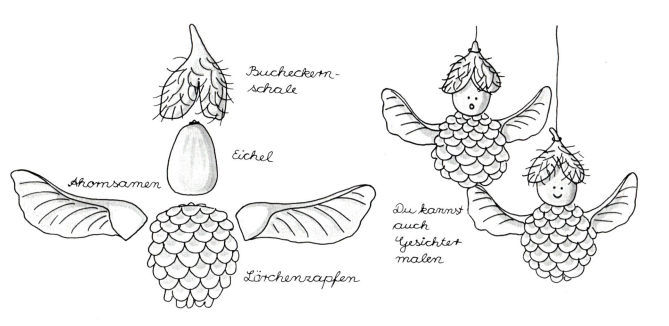

Bunte Weihnachtskette

Metallpapier oder farbiges Papier
Schere, Klebstoff

Wer hat die schönsten Sterne?

Zweifarbiges Metallpapier, Schere
Nadel und Faden

Eine bunte Weihnachtskette darf bei all den Basteleien natürlich nicht fehlen. Du kannst sie am Weihnachtsabend auf den schön gedeckten Tisch legen oder den Tannenbaum damit schmücken.

Zuerst brauchst du etliche Papierstreifen, die alle etwa 10 cm lang und 1 cm breit sind. Je mehr Streifen du hast, desto länger wird deine Kette. Nun klebe einen Streifen zu einem Ring zusammen. Durch diesen 1. Ring wird wieder ein Streifen gesteckt und zum Ring geklebt. Durch den 2. Ring kommt der nächste Streifen und immer so fort (Zeichnung 1 und 2).

Falten, schneiden, knicken – fertig ist ein wunderschöner, glänzender Weihnachtsstern. Und das Besondere daran: er ist zweifarbig!

Schneide aus dem Papier ein Quadrat aus. Je größer du es machst, desto größer wird dein Stern. Falte das Quadrat so, wie du es auf den Zeichnungen 1 bis 4 siehst. Das so entstandene Dreieck wird 5 mal eingeschnitten (Zeichnung 5). Wenn du die offene Kante des Dreiecks abschneidest (Zeichnung 6), verändert sich die Grundform des Sternes.

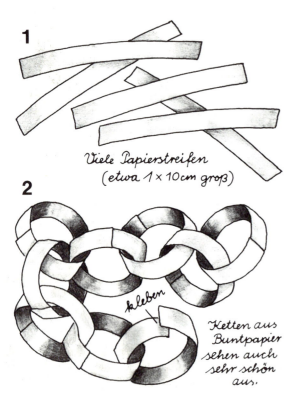

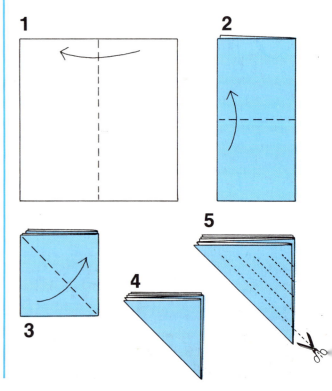

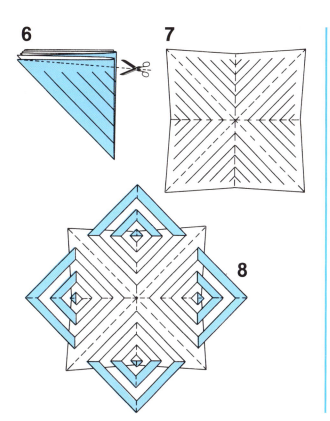

Bist du mit dem Schneiden fertig, wird das Dreieck auseinandergefaltet (Zeichnung 7). Klappe nacheinander die kleinen Spitzen nach außen um. Das machst du bei allen 4 Seiten. Der Stern bekommt dadurch seine bunten Zacken (Zeichnung 8). Damit du den Stern aufhängen kannst, ziehe mit der Nadel einen Faden durch eine Zacke.

Spielsachen selber machen

Spielzeug kaufen, das kann jeder.
Spielsachen selber machen, da entsteht etwas
Besonderes. Denn wo gibt es schon ein
Bastelbär-Schmetterlings-Wackel-Dreirad,
einen turnenden Kakadu, Pustekugeln
oder gar ein Geisterschloß?
Mit etwas Geschick kannst du das alles
nachbasteln.
Und mit etwas Phantasie erfindest du jede
Menge eigene Spielsachen zum Selbermachen.

Ein Haus fährt in die Ferien

Verschiedene Schachteln
leere Streichholzschachteln
2 Holzschaschlikspieße
2 Knickhalme
dünne Pappe
einseitig beklebte
Wellpappe
1 Klopapierrolle
Papierkugeln, Buntpapier
abgebrannte Streichhölzer
Klebefilm, Klebstoff
Deckfarben, Schere

Das lustige Hausmobil mit dem blühenden Garten kannst du für deine kleinen Spielfiguren basteln. Und dann fährst du mit ihnen zusammen in die Ferien.

Auf eine flache Schachtel (von Fischkonserve) klebst du 4 Streichholzschachteln. Auf den Schachteln werden 2 Knickhalme für das Fahrwerk befestigt (Zeichnung 1). Die Halme sollen an beiden Enden 1 cm überstehen. Hier werden später die Radachsen hineingesteckt.

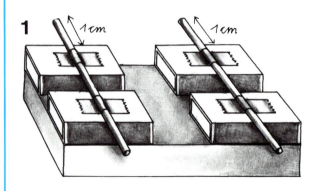

Du drehst jetzt den Unterbau um und beginnst mit dem Oberbau: 1 mittelgroße Schachtel wird als Motorgehäuse aufgeklebt, ebenso 1 Stück Pappe für den Hausgarten. Dann klebst du das Haus (1–2 Schachteln) auf die Pappe und an den Motorblock (Zeichnung 2).

2 Stück Pappe, in der Mitte geknickt, sind die Dächer für Haus und Motorgehäuse (Zeichnung 3).

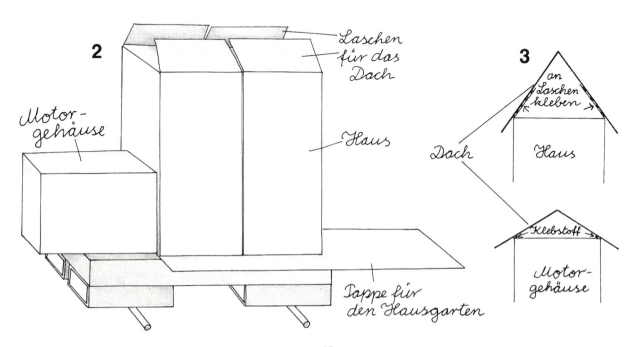

Für die Räder zeichnest du mit Hilfe eines umgestülpten Joghurtbechers 16 Kreisflächen auf die Wellpappe und schneidest sie aus. Klebe immer 2 Kreisflächen zusammen – Wellen **ineinander**. Davon dann je 2 aufeinander – Wellen **überkreuz** (Zeichnung 4).

Alle 4 Räder bekommen in der Mitte ein Loch. Darin werden die Holzspieße, sobald sie in den Knickhalmen stecken, als Radachsen festgeklebt. Die Räder müssen sich drehen lassen.

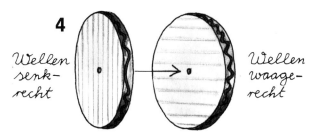

Die Zeichnung unten zeigt, was deinem Hausmobil noch alles fehlt: Schornstein, Balkon, Gartenzaun, Scheinwerfer, Blumen…

Und so bastelst du aus Buntpapier die Blumen für den Garten.

Als Blütenmitten steckst du kleine Papierkugeln auf ein Streichholz. Darunter klebst du die aufgefalteten Papierblüten und die Blätter. Die fertigen Blumen steckst du in den Wellpappe-Zaun.

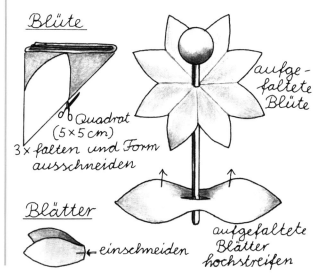

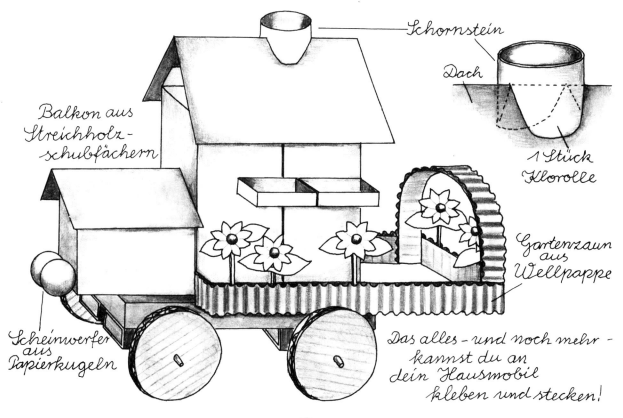

Das Bastelbär-Schmetterlings-Wackel-Dreirad

1 leere Streichholzschachtel
3 bunte Knöpfe
2 runde Holzzahnstocher
fester Karton
Butterbrotpapier
Zeichenpapier, Farbstifte
dünner Hobbydraht
1 Knickhalm, Deckfarben
Klebefilm, UHU-hart

Jetzt wird's wackelig!

Über dem wackeligen Bastelbär, der auf dem Wackel-Dreirad balanciert, taumelt ein bunter Wackel-Schmetterling hin und her.

Du knickst einen Kartonstreifen (26 cm lang, 1,5 cm breit) in der Mitte und machst ein Loch durch den doppelten Karton (Zeichnung 1).

Durch das Loch steckst du einen Zahnstocher und fädelst dazwischen 2 Knickhalm-Stücke (1/2 cm lang) und in der Mitte 1 großen Mantelknopf auf. An den Enden des Kartonstreifens wird eine Streichholzschachtel eingeklebt.

Auf die Schachtel klebst du mit Klebefilm 1 Stück Knickhalm (4,5 cm lang). Ein Zahnstocher wird als Achse in den Halm gesteckt. Am Zahnstocher klebst du 2 gleichgroße Jackenknöpfe mit UHU-hart fest und läßt sie gut antrocknen (Zeichnung 2). Dann drehst du das Ganze um.

Von der rechten Seite paust du den Bastelbär ab, von unten den Schmetterling und schneidest alles aus. Dann wickelst du aus Draht eine Spirale (Zeichnung 3).

Befestige den Schmetterling an der Spirale und klebe sie zwischen die Bastelbär-Teile (Zeichnung 4).

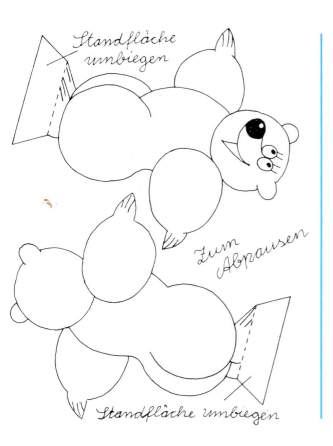

Die große Zirkusnummer

1 runde Plastikflasche mit Rillen (z. B. von billigem Essig)
Wellpappe, 1 Trinkhalm
5 Korken
2 Holzschaschlikspieße
2 Stricknadeln ohne Kopf, Butterbrotpapier
weißer Karton
Schere, Klebstoff
Farben, Schnur

Atemlos werden deine Freunde staunen, wenn Joschi und Yello auf dem Einrad balancieren. Für das Einrad schneide zuerst von der Plastikflasche einen Ring so ab, daß er in der Mitte eine Rille hat (Zeichnung 1 auf Seite 52).

Nimm ein kurzes Stück von einem Trinkhalm (1,5 cm) und einen möglichst langen, schmalen Streifen Wellpappe (notfalls zusammenkleben!). Klebe das eine Ende am Trinkhalm an und wickle den Streifen fest darauf auf. Tupfe ab und zu etwas Klebstoff dazwischen und achte darauf, daß der Trinkhalm in der Mitte der so entstehenden Scheibe sitzt, sonst rollt das Rad nicht (Zeichnung 2 und 3).

Die Wellpappscheibe muß den Plastikring ausfüllen und sollte fest darin sitzen.

Stecke durch das Loch im Rad ein etwa 4 cm langes Stück eines Schaschlikspießes, das du vorher an beiden Enden zugespitzt hast (Zeichnung 4).

Auf die Enden des Spießes stecke zwei Korken und darauf für den Affen Joschi den „Sattel", das ist ein Korken mit einem Schlitz (Zeichnung 5).

Dann stecke in die Korken die zwei Stricknadeln; sie tragen die Gegengewichte zum Balancieren: ein, zwei oder mehr Korken auf jeder Seite, notfalls, wenn's immer noch kippt, zwei kleine Kartoffeln (Zeichnung 6).

Zwischen die Korken kommt ein halbes Schaschlikspießchen, auf dem ein zweiter Sattel steckt. Der ist für den Kakadu Yello, den du auf Seite 54 findest.

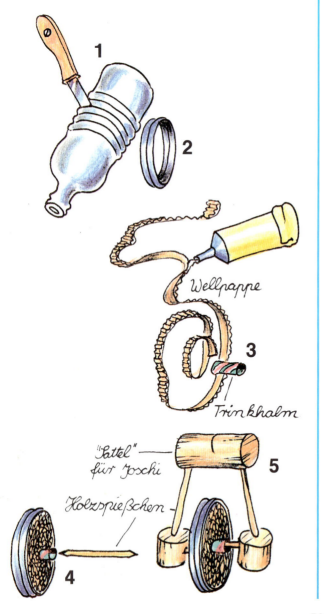

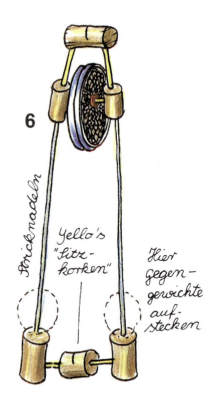

Pause Joschi von Seite 53 und Yello von Seite 54 ab, bemale sie und schneide sie aus.

Wenn du an der gestrichelten Linie entlangschneidest und die schraffierten Flächen schwarz anmalst, geht das einfacher und sieht schöner aus als unsauber ausgeschnittene Fell- oder Federspitzen …

Stecke Joschi und Yello auf ihre „Sitzkorken", fädle das Einrad auf eine Schnur, spanne sie schräg durch Zimmer oder Garten, und los geht die Hochseilnummer.

Wie auch bei richtigen Artisten, klappt es manchmal nicht gleich, dann prüfe nach, ob das Rad „eiert" oder ob du Gegengewichte zugeben mußt.

Zum Abpausen!

Hier in den Schlitz im Sattel des Einrades schieben!

53

Yello, der turnende Kakadu

3 Holzschaschlikspieße
3 Korken
Schere, Lochraspel
dünne Schnur

Wenn du Yello noch nicht für die Zirkusnummer gebastelt hast, lies auf den Seiten 52 und 53 nach, wie das geht. Dann schneide einen halben Korken als „Sitzkorken" zurecht, durch den du zwei Löcher bohrst (Zeichnung 1). Ziehe durch diese Löcher zwei dünne Schnüre, knote sie an den Enden zusammen und hänge sie zweifach gegeneinander verdreht (Zeichnung 2) in die Korken oben an der Turnstange ein (Zeichnung 3).

Falls Yello kippt: Am Schwanz mit Büroklammern Gewicht ausgleichen.

Hier in den Schlitz im „Sitzkorken" schieben

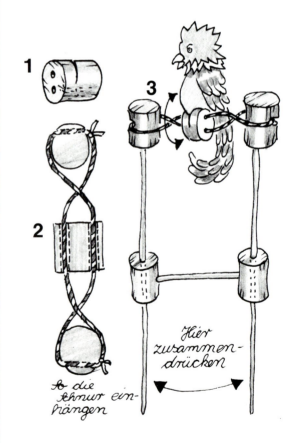

So die Schnur einhängen

Hier zusammendrücken

Wenn du die Turnstange unten zusammendrückst und wieder losläßt, turnt Yello vorwärts und rückwärts.

Mäusespiel

Leere runde Schmelz-
käseschachtel
fester Karton
Butterbrotpapier
Cellophanpapier
2 kleine Walnußhälften
Leder- oder Stoffreste
schwarzer Filzstift
Schere, Klebstoff

Du kannst sie von der Zeichnung links abpausen. Sie werden geknickt, und die gestrichelte Fläche wird auf dem Boden der Käseschachtel festgeklebt.

Schneide aus Leder oder Stoff Ohren und Schwänze aus und klebe sie an den entsprechenden Stellen an die Nußhälften. Augen und Schnäuzchen werden aufgemalt.

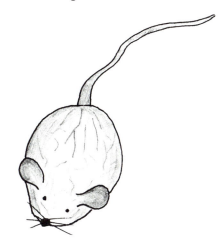

Zwei Mäuschen wohnen einander gegenüber. Sie besuchen sich gelegentlich und gehen miteinander spazieren. Finden sie wohl nachher beide ihr Häuschen wieder?

Nun verschwinden die Mäuschen in ihrem Haus. Damit sie nicht herausfallen, klebe Cellophan über das Loch im Schachteldeckel. Ein verzierter Kartonstreifen, rund um die Schachtel geklebt, hält Deckel und Boden zusammen.

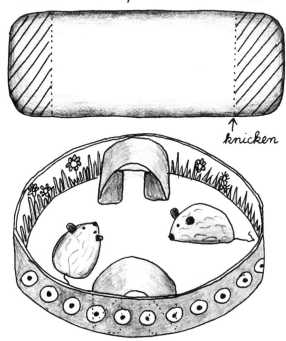

Die Innenseite der Käseschachtel kannst du nach Belieben bemalen und schmücken. Dann schneidest du aus festem Karton zwei Streifen aus.

Wasserrad

2 Korken
großer Plastik-Joghurtbecher
Holzschaschlikspieß
große, leere Konservendose
Lochraspel, Messer
Schere, Dosenöffner
Milchdosenöffner

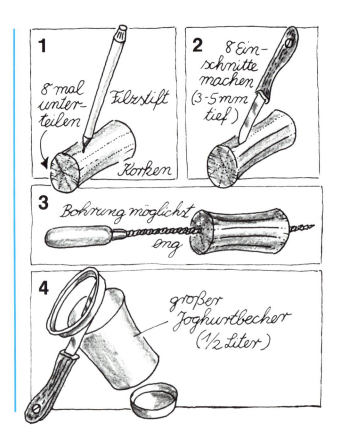

Dein Wasserrad kannst du unter dem Gartenschlauch, dem Wasserhahn oder einer Gießkanne laufen lassen. Du kannst auch viele Wasserräder bauen und eines vom anderen antreiben lassen. Oder nimm dein Wasserrad zum Spielen mit an einen Bach. Dazu brauchst du keine Dose, und zum Transport in der Tasche ziehst du einfach die Schaufeln raus.

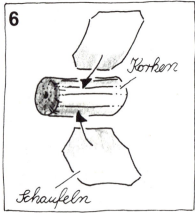

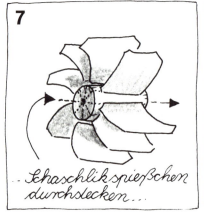

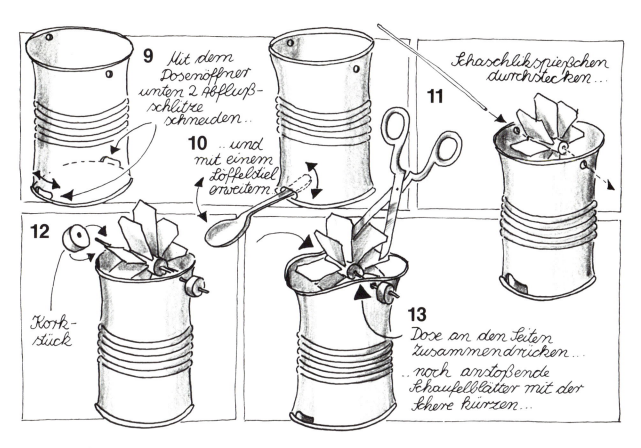

Im Geisterschloß

2 Bogen schwarzer Fotokarton, Pappe
weißes Zeichenpapier
breiter Klebefilm
für die „Lärmmacher":
1 Pappröhre (von Haushaltsfolien), Dosen mit Knöpfen, Kochlöffel, Schlüssel, Metallfolie, Glöckchen, Gummiharfe ...

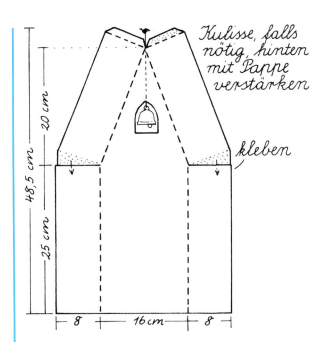

Für dieses geisterhafte Spektakel brauchst du zunächst eine großartige Kulisse. Wie das Gespensterschloß aus schwarzem Fotokarton gebastelt wird, siehst du auf der Zeichnung.
Verstärke die Kulisse wo nötig auf der Rückseite mit Pappe.
Schneide dann aus weißem Zeichenpapier deine Gespenster, die auf dem Schloß herumgeistern.

Klebe sie fest und hänge noch ein Glöckchen hinter ein ausgeschnittenes Turmfenster.

Als **Lärmmacher** bastelst du zuerst eine **Raschelröhre**: Eine Pappröhre klebst du mit Klebefilm auf einer Seite fest zu. Dann füllst du groben Sand ein, nur ein paar Löffel, und klebst auch die zweite Öffnung gut zu. Kippst du die Röhre langsam hin und her, hörst du das Rascheln.
Spannst du dünne Gummis über eine Dose oder in einen starken Kartonrahmen, den du in einen Schuhkarton stellst, hast du eine **Gummiharfe**.

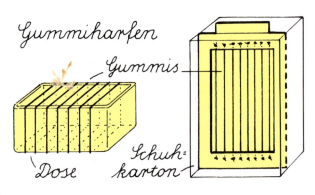

Das Geisterschloß

Um Mitternacht,
Schuhu! Krach, bumm,
da geht der Trampelthomas um.
Das Schloßgespenst Mathilde
heult wie eine Wilde.
Ketten klirren,
Schlüssel rasseln,
im Kamine hört man's prasseln.
Hunde heulen,
Pfeile schwirren,
Geister lärmen mit Geschirren.
Immer dumpfer wird die Klage –
dann, mit einem Glockenschlage,
ist verstummt die laute Plage.

Geräusche:
Vorspiel mit Gummiharfe,
dann Kochlöffel
auf Topfboden,
trampeln, heulen,
Metallplättchen
in einer Dose,
dann
Trockenerbsen
in einer Dose,
heulen, bellen,
Raschelröhre,
Kochlöffel
auf Dosen und Töpfen,
dann Gummiharfe
und ein Glockenton
zum Schluß.

Bevor die große Gespenstervorführung beginnt, werden alle Lärmmacher hinter dem Schloß aufgestellt. Dein Zimmer ist nur ganz schwach beleuchtet. Während du das Geistergedicht aufsagst, machst du dazu den entsprechenden Lärm. Dein Publikum wird das Gruseln lernen!

Spielstraße

Walnußhälften
fester Karton
Holzzahnstocher
Korken
große, ganze Walnüsse
dicke, leere Garnrollen
schmale Papprollen
Wasserfarben, Lack
Knetmasse
Schere, Klebstoff

Für ein **Auto** zeichnest du die Umrisse einer Nußhälfte auf ein Stück Karton und schneidest die Form aus. Klebe sie auf die Öffnung und bemale die Nuß (1). Von einem Korken schneidest du mit einem scharfen Messer vier etwa 6 mm dicke Scheiben ab. Spieße sie auf die Enden zweier Zahnstocher (2).
Mit einem Stückchen Stoff, das 1 cm größer als der Umriß der Nuß ist, klebst du die beiden Achsen an die Unterseite des Autos (3). Dort, wo die Achsen zu liegen kommen, darf kein Klebstoff hin, da sie sich sonst nicht drehen können.

Bäume:
Als Baumstämme eignen sich außer Garn- und Papprollen auch Besenstielabschnitte, Lippenstifthülsen, runde Pillenröhrchen …
Alle diese Baumstämme stehen nur dann gut, wenn sie auf eine Bodenplatte geklebt werden. Schneide diese aus Karton zurecht. Je höher der Stamm ist, desto größer muß die Bodenplatte sein. Als Baumkrone wird eine möglichst große Nuß sorgfältig geöffnet, entkernt und wieder zusammengeklebt. Mit Knete oder Klebstoff wird die Baumkrone auf den Stamm geklebt. Der Baum wird hübsch bemalt und anschließend lackiert.

auf die Bodenplatte kannst du zerknülltes Seidenpapier als Gras kleben

Segelschiffe

Walnußhälften
farbiges und weißes Papier
Butterbrotpapier
Knetmasse
Holzzahnstocher
Schere, Klebstoff

Du legst eine Nußhälfte mit der Öffnung nach unten auf das farbige Papier, zeichnest die Umrisse nach und schneidest die Form aus.
Das Segel kannst du abpausen. Übertrage es auf weißes Papier und schneide es aus.
Ein kirschgroßes Stück Knete wird im Bauch der Nußschale fest angedrückt. Du klebst das „Deck" auf das Schiffchen und steckst den Zahnstocher mitten hindurch in die Knetmasse. Am Mast wird noch das Segel gesetzt, und die große Fahrt kann beginnen.

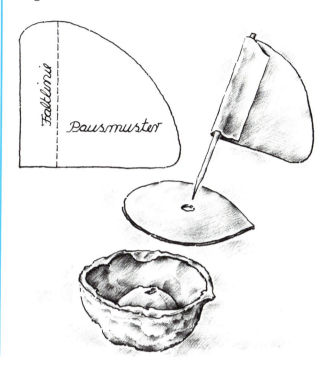

Pustekugel

**Farbiges Papier
Butterbrotpapier
Schere**

Das ist ein Spiel, bei dem du zeigen kannst, wieviel Puste du hast …
Stellt euch an einem Tisch gegenüber auf. Nun gilt es, die Kugel nur durch Pusten über die gegnerische Tischkante zu bringen.

Pause die Kreismuster mit den Linien von dieser und der nächsten Seite ab. Übertrage sie auf das Papier. Damit die Kugel schön bunt wird, nimm für jede Kreisscheibe eine andere Farbe. Schneide die Kreisscheiben aus und mache die Einschnitte dort, wo die Linien sind.

Jetzt wird es etwas knifflig: Die Scheibe 1 soll nämlich in die Scheibe 2 und dann 1 und 2 zusammen in Scheibe 3 gesteckt werden. Dazu siehst du auf der nächsten Seite genau, welche Teile umgebogen und ineinandergesteckt werden (Zeichnung 1–4).

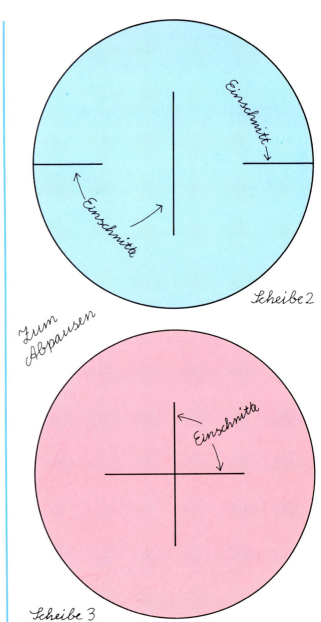

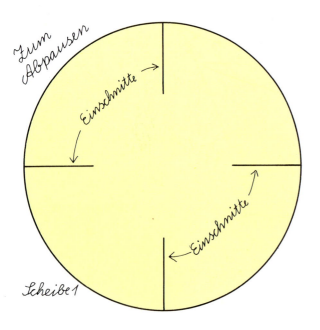

Bist du mit dem Basteln fertig? Dann kann jetzt das Pustespiel beginnen.

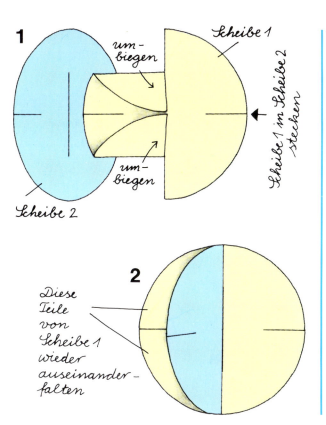

1 Scheibe 1, um-biegen, Scheibe 2, Scheibe 1 in Scheibe 2 stecken, um-biegen

2 Diese Teile von Scheibe 1 wieder auseinander-falten

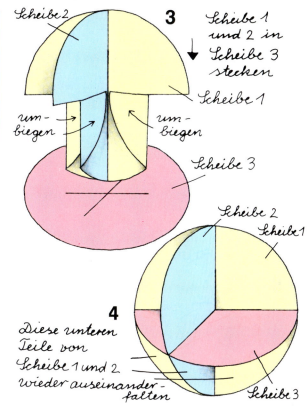

3 Scheibe 2, Scheibe 1 und 2 in Scheibe 3 stecken, Scheibe 1, um-biegen, um-biegen, Scheibe 3

4 Diese unteren Teile von Scheibe 1 und 2 wieder auseinander-falten, Scheibe 2, Scheibe 1, Scheibe 3

Schildkrötenrennen

Farbiges festes Papier
Butterbrotpapier
Schere, Stickgarn

Auf die Plätze – fertig – los! Nach dem Basteln beginnt ein lustiger Wettlauf.

Die Schildkröten-Form von unten kannst du abpausen. Übertrage sie auf das Papier und schneide sie aus. Durchgehende Linien für die Beine werden eingeschnitten, die Beine etwas gebogen; die unterbrochenen Linien werden geknickt (Zeichnungen 1 + 2).

Nun bindest du deiner Schildkröte noch eine „Leine" aus Stickgarn um den Hals. Sie sollte etwa 50 cm lang sein. Das Ende der Leine knotest du an einem Streichholz fest. Jeder Spieler bekommt eine Schildkröte in seiner Farbe. Besonders lustig ist es, wenn viele Spieler mitmachen.

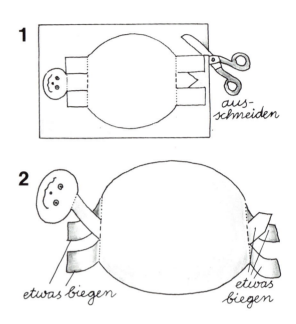

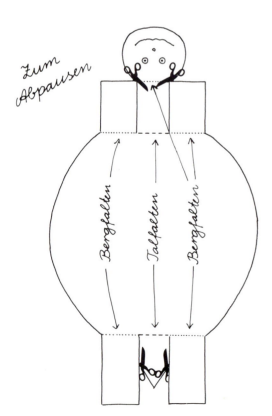

Spielregel:

Der Wettlauf findet auf einem glatten Untergrund statt. Die „Läufer" werden in einer Reihe aufgestellt. Die Spieler stehen gegenüber, und jeder hält das Leinenende seiner Schildkröte in der Hand. Beim Kommando „Auf die Plätze – fertig – los" wickeln alle so schnell sie können die Leine um das Streichholz. Wer als erster seine Schildkröte zu sich hergewickelt hat, ist Sieger.

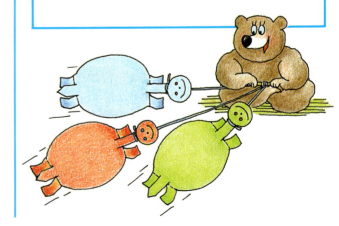

Stockenten fangen

Zeitungspapier
Tapetenkleister
Klebefilm, Plakafarben
dünner Karton, Schere
Butterbrotpapier
Haselnußstock, Messer

Rühre etwas Kleister mit Wasser an, so wie es auf der Packung steht. Falte oder rolle eine Zeitung. Lege sie zu einem Ring und klebe ihn mit Klebefilm zusammen. Reiße schmale Zeitungspapierstreifen, bestreiche sie mit Kleister und umwickle damit den Ring mehrmals.

Nun muß das Ganze zwei Tage trocknen, bevor du deinen Wurfring nach Lust und Laune bemalen kannst.

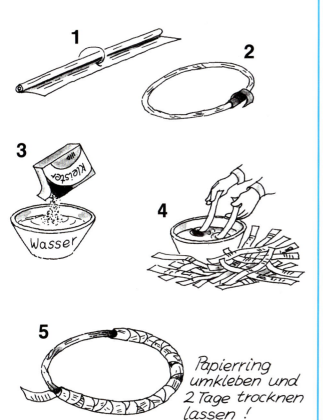

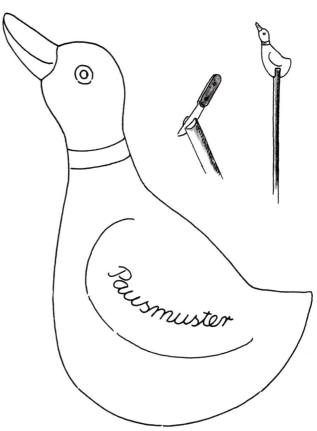

Übertrage das Pausmuster auf dünnen Karton. Schneide die Ente aus und male sie an. Besorge dir einen Haselnußstock, schneide ihn oben ein und stecke deine Ente in den Schlitz. Stecke die „Stockente" in die Erde, und das Spiel kann beginnen.

Spielregel:

Aus etwa 2 Meter Entfernung versucht jeder Spieler die Ente zu „fangen". Wenn sie dabei vom Stock fällt, muß der Werfer einmal aussetzen. Gewinner ist der Spieler mit den meisten Treffern. Schwieriger und spannender wird es, wenn ihr mehrere Stockenten bastelt und aufstellt.

Mit Nadel, Faden, Stoff und Knopf

…kannst du dir lustige Fingerpuppen, einen Nadel-Igel, ein Stirnband oder bunte Knopfbilder machen.

Und wenn du erst einmal siehst, wie einfach das Weben ist, dann hängt in deinem Zimmer sicher schon bald ein schmucker Wandbehang.

Fingerpuppen

2 alte Fingerhandschuhe
Watte
Woll- und Stoffreste
Geschenkbänder
Klebstoff, Farbstifte
Nadel, Faden, Schere

Einen Handschuh brauchst du für die Körper der Puppen, den anderen – möglichst einen weißen, beigen oder braunen – für die Köpfe.

Schneide die Finger des „hautfarbenen" Handschuhs auf dreiviertel Länge ab, stopfe sie mit Watte aus und nähe die offenen Enden zu. Die Gesichter werden aufgemalt und Watte oder Wolle als Haare aufgeklebt oder aufgestickt (Zeichnung unten).

Diese 5 Köpfchen werden nun auf die Fingerspitzen des anderen Handschuhs genäht (Zeichnung oben).

Wenn die Püppchen noch Arme bekommen sollen, flechte kleine Wollzöpfe und nähe sie an die Fingerspitzen. Mit Schleifen, Stoffresten und Wolle kannst du deine Fingerpuppen-Familie „anziehen".

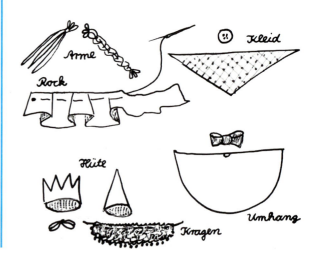

Minipuppen

Alte Fingerhandschuhe
Watte
Woll- und Stoffreste
Klebstoff, Farbstifte
Nadel, Faden, Schere

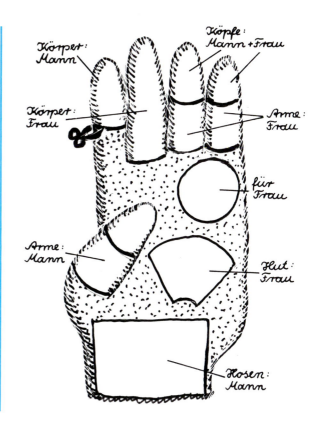

Aus jedem Handschuh kann man 2 Püppchen machen. Wenn du verschiedene farbige Handschuhe und noch einige Stoffreste nimmst, werden deine Puppen schön bunt.

Schneide einen Handschuh so zurecht, wie du es auf der Zeichnung nebenan siehst: 2 halbe Finger werden zu Köpfen (wie bei den Handschuhpuppen), 2 ganze Finger geben die Körper. Stopfe Köpfe und Körper mit Watte aus.

Wenn du eine **kleine Frau** machen möchtest, nähe ein kleines, rundes Stück Stoff auf die offene Seite des Körpers (Zeichnung links unten).
Aus den restlichen Hälften der Finger machst du 2 Röllchen, die du zusammennähst. Nun hast du 2 Arme, die du der Frau annähst. Wenn du den unteren Teil des Daumens halbierst, kannst du daraus 2 Arme für den kleinen Mann nähen. Wie dieser gebastelt wird, siehst du auf der Zeichnung rechts unten.

Für einen **kleinen Mann** wird der Körper etwas kürzer zugeschnitten.
Nun bekommt er noch Hosen: Dazu schneidest du aus dem Handschuhrest ein kleines Rechteck aus, das du gleichmäßig zur Mitte rollst, festnähst und in den ausgestopften Körper nähst oder klebst.
Für die Haare nimmst du wieder bunte Wollreste, und zum Schluß kannst du ihm noch Bänder als Gürtel oder Krawatte umbinden.

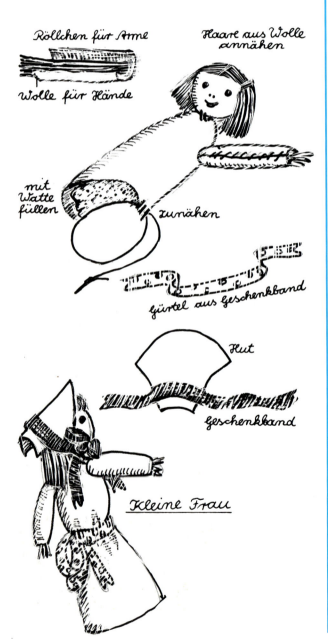

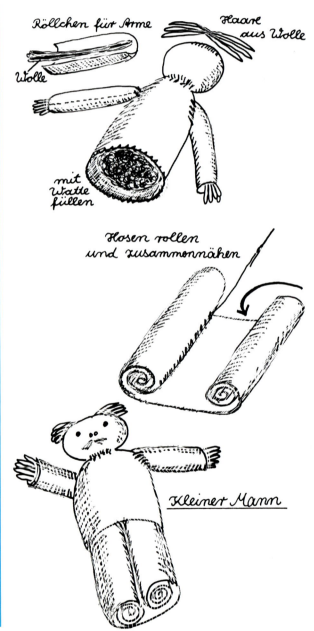

Nadel-Igel

Stoff- oder Filzreste
Butterbrotpapier
Stickgarn
Watte, Stecknadeln
Schere, Nähnadel

Möchtest du deiner Oma einfach so eine Freude machen? Über diesen kleinen Nadel-Igel freut sie sich ganz bestimmt.

Pause die beiden Formen von unten ab und schneide sie aus. Dann werden sie auf Stoff oder Filz festgesteckt und entlang den Umrissen ausgeschnitten.
Die beiden Stoffteile werden mit Stecknadeln aufeinandergesteckt und mit Stickgarn zusammengenäht (Zeichnung nebenan).

Vergiß dabei nicht, eine kleine Öffnung zu lassen, durch die der Igel ausgestopft wird. Ist er schön prall mit Watte gefüllt, kannst du ihn zunähen. Nun braucht dein Igel noch Stacheln. Dazu steckst du die Oberseite mit Stecknadeln voll. Für Mund und Nase nimmst du drei Stecknadeln mit schwarzen Köpfen und stichst sie so tief hinein, daß nur noch die schwarzen Kugeln zu sehen sind.

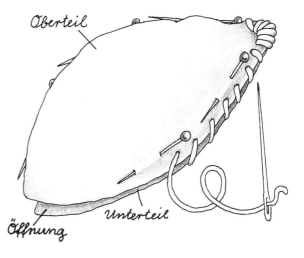

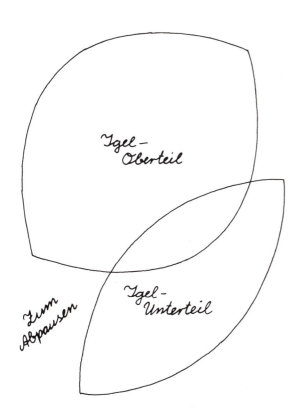

Allerhand aus Zöpfen

Stoffreste (längere Stücke)
bunte Fäden aus Baumwolle oder Stickgarn
Schere, Klebstoff

Möchtest du wissen, wie ein Zopf geflochten wird? Auf der Zeichnung nebenan kannst du es genau sehen. Du wirst staunen, was man aus bunten Zöpfen alles machen kann.

Zum Beispiel ein wunderschönes **Springseil**. Zerschneide die Stoffreste in mehrere 4 cm breite Streifen. Nimm drei davon und knote sie an einer Türklinke oder einem Haken fest (Zeichnung 1).

Beim Flechten (Zeichnung 2–4) werden die Streifen leicht gezogen, deshalb müssen sie befestigt sein. Geht ein Streifen zu Ende, knotest du den nächsten einfach an, und schon kannst du weiterflechten. Für ein Springseil muß dein Zopf etwa 2 m lang sein. Wenn er diese Länge erreicht hat, bindest du ihn los und machst an jedes Ende einen dicken Knoten. Wäre das nicht auch ein schönes Geschenk für den nächsten Kindergeburtstag?

Sehr hübsch ist ein geflochtenes **Stirnband**. Dazu nimmst du drei Stoffstreifen, die etwa 55 cm lang und 3 cm breit sind. Wenn du so weit geflochten hast, daß noch 20 cm der Streifen übrig sind, hörst du auf und machst einen Knoten. Es sieht nämlich sehr schön aus, wenn sechs bunte Bänder hinten am Stirnband herunterhängen.

Willst du es jetzt einmal mit Wolle und Garn versuchen? Die Zöpfe werden dann so dünn, daß sie als **Schnürsenkel** in deine Turnschuhe passen. Du brauchst drei Fäden, die etwa 40 cm lang sind. Dünnes Garn kannst du auch doppelt nehmen. Nun machst du es wieder wie beim Springseilflechten: festknoten und flechten.

Wenn du fertig bist, werden die Enden mit Klebstoff bestrichen. Dadurch lassen sie sich gut einfädeln. Für Schnürsenkel brauchst du zwei Zöpfe. Du kannst diese dünnen Zöpfe auch als Armbändchen nehmen oder um Geschenke binden. Achte nur darauf, daß die Fäden etwa 10 cm länger sind als das nachher fertige Stück.

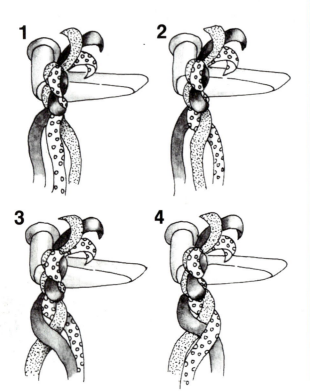

Gekräuseltes Stirnband

Stoffrest (150 cm lang)
Gummifaden
bunte Perlen
Zickzackschere, Nadel

Nimm zwischendurch an deinem Kopf Maß. Ist das gekräuselte Stück lang genug, werden Anfang und Ende zusammengenäht. Das Stirnband bekommt Fransen, wenn du die nichtgekräuselten Streifen einschneidest (Foto unten).

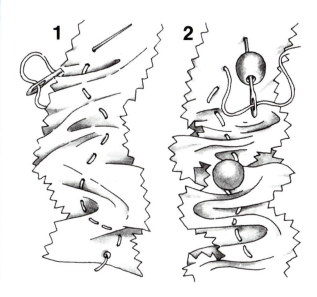

Und gleich noch ein Stirnband, dieses Mal aber kein geflochtenes.
Schneide einen Stoffstreifen zurecht, der etwa 4 cm breit und 150 cm lang ist. Am besten nimmst du dazu eine Zickzackschere, dann franst der Stoff nicht aus. Wenn ihr zu Hause keine habt, bitte eine Schneiderin. Sie hilft dir sicher gerne.
Nun ziehe einen Gummifaden in Auf- und Abstichen so durch den Streifen, wie du es auf der Zeichnung 1 siehst. Nach einigen Stichen fädelst du eine Perle auf und schiebst den Stoff zusammen (Zeichnung 2).

Wer mag weben?

Für den Webrahmen:
1 Stück feste Pappe
dicke Wolle, Schere
Für das Täschchen:
Wollreste
Schere, Stopfnadel

Blättere noch einmal zurück. Gefällt dir das Täschchen auf dem Foto? Mit bunten Wollresten kannst du es weben.

Der Webrahmen
Die Pappe sollte 35 cm lang und 25 cm breit sein. An den schmalen Seiten werden mit der Schere Löcher hineingestochen. Der Abstand zu den Kanten ist 4 cm, zwischen den Löchern 0,5 cm (Zeichnung 1). Durch die Löcher werden die Kettfäden gezogen (Zeichnung 2). So heißen die Fäden, die umwoben werden.

Das Weben
Die Fäden, mit denen gewoben wird, nennt man Schußfäden. Mit einer dicken Stopfnadel ziehst du sie einmal über, einmal unter den Kettfäden hindurch. Sie sollten dicht nebeneinanderliegen (Zeichnung 3). Wenn die Kettfäden nicht mehr zu sehen sind, ist dein Webstück fertig. Der Karton wird vorsichtig zerschnitten, damit sich das Webstück löst. Falte es einmal und nähe es an zwei Seiten mit einem Wollfaden zusammen (Zeichnung 4).

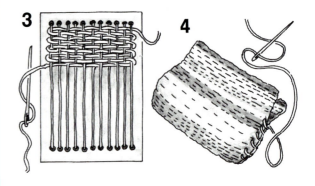

Sehr schön sieht es aus, wenn du als Henkel auf die Taschenränder links und rechts dicke Wollzöpfe nähst, deren Enden du zusammenknotest. Für jeden Zopf brauchst du drei etwa 70 cm lange dicke Wollfäden. An das untere Ende der Zöpfe kannst du auch noch eine Perle auffädeln und festknoten.

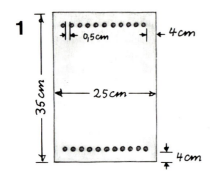

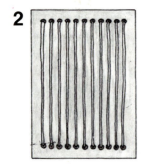

Schöner Wandschmuck

Für den Webrahmen:
4 Äste, nicht zu dick
dünne Paketschnur
Für den Wandbehang:
Stoff- und Wollreste
Gräser, Perlen, Knöpfe ...

Der Webrahmen

Um ihn zu bauen, bittest du am besten jemand älteren, dir zu helfen. Holt euch vier Äste, von denen zwei etwa 60 cm und zwei etwa 40 cm lang sind. Bindet sie an den Enden mit der Paketschnur fest zusammen (Zeichnung 1).
Schneide nun die Kettfäden zurecht. Sie sollten etwa 55 cm lang sein. 30 cm werden zum Weben benötigt, 25 cm bleiben als Fransen am unteren Ende hängen. Knote die Kettfäden im Abstand von etwa 2 cm so am Rahmen fest, wie es die Zeichnung zeigt. Sie müssen gut gespannt werden. Eventuell während des Webens noch einmal nachspannen.

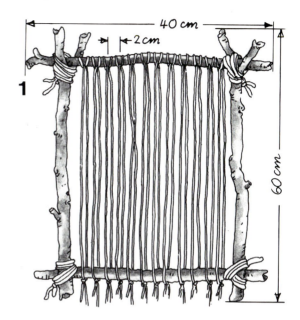

Das Weben

Nimm außer Stoffstreifen und Wolle auch andere Materialien, zum Beispiel Gräser und ungesponnene Schafwolle. Fädle auch Perlen oder

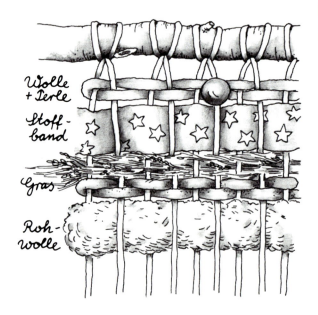

Knöpfe mit auf. Du kannst das Webmaterial gut mit den Fingern durchziehen (Zeichnung 2).

Dieses Webstück wird nicht vom Webrahmen gelöst, die Äste gehören zum Wandbehang dazu. Damit du ihn aufhängen kannst, knote am oberen Ast links und rechts einen Wollzopf fest.
An den Enden der Kettfäden kannst du Perlen, Knöpfe, kleine Steine und Glöckchen festbinden.

Mit Knöpfen gemalt

**Einfarbige dickere Stoffreste oder Filz
bunte Knöpfe
Schere, Nadel, Faden**

Ein anderer schöner Wandschmuck ist ein Bild, das mit Knöpfen „gemalt" wird…! Ein Stück Stoff ist das Papier, die Knöpfe sind die Farben.

Der Stoff sollte etwa 20 x 30 cm groß sein. Klare, großflächige Figuren sind für dieses Bild am besten geeignet. Ist dir etwas eingefallen, malst du es auf dem Stoff vor. Nun nimmst du die Knöpfe und nähst sie auf die vorgemalten Linien oder füllst Flächen damit aus. Ist das Bild fertig, kannst du es mit Reißzwecken in dein Zimmer hängen.

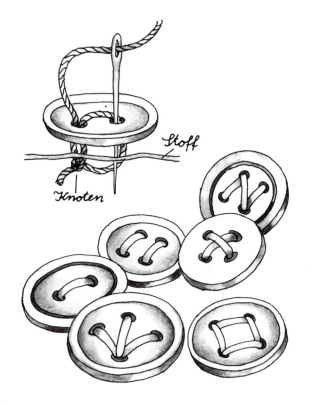

Knopf an Knopf

Viele verschieden
große bunte Knöpfe
weiße Wäscheknöpfe
Filzstifte
Nadel, stabilen Faden

Mit Knöpfen kann man noch viel mehr machen: auffädeln, anmalen und mit ihnen spielen.

Sogar für das Auffädeln gibt es schon verschiedene Möglichkeiten: Du kannst Ketten und Armbänder auffädeln, dir einen Fingerring oder eine Raupe machen. Guck mal hier unten, wie das geht.

Wenn du Wäscheknöpfe hast, kannst du sie mit Filzstiften in den Farben anmalen, die du am liebsten magst. Auch daraus kannst du dir eine Kette machen oder ein Knopfspiel damit spielen.

Am Anfang der Schnur einen Knoten machen!

Knopfring

(A)

Knopfraupe. Bei (A) kannst du genau sehen wie die Knöpfe aufgefädelt werden.

Knopfkette

Spielregel

Jeder bekommt 10 Wäscheknöpfe, die auf einer Seite bunt angemalt sind. Linsen, Bohnen oder ähnliches werden als Spielgeld gebraucht. Auf dem Boden breitest du eine große Decke aus. Dann wirft der erste alle seine Knöpfe hoch und läßt sie auf die Decke fallen.
Für jeden Knopf, der mit der bemalten Seite nach oben liegt, bekommt man 5 Linsen. Für alle Knöpfe, die mit der weißen Seite nach oben liegen, muß man 5 Linsen abgeben. Nach 5 Runden könnt ihr euer Spielgeld zählen und sehen, wer gewonnen hat.

Zum Schulanfang

Uiih, jetzt bist du ein Schulkind!
Was meinst du, wie die anderen Kinder über
deine Super-Eis-Schultüte staunen werden!
Die hast du mit Mama und Papa selbstgemacht.
Nun wartet sie, mit Überraschungen gefüllt,
neben deiner neuen Schulmappe auf den
morgigen großen Tag.

Und wie schön dein Schreibtisch aussieht,
mit dem bunten Stundenplan und dem
Bleistift-Butler! Da macht das Lernen Spaß!

Jetzt geht die Schule richtig los!

Tonpapier in Postkartengröße
farbiges Papier
Butterbrotpapier
Farbstifte
Schere, Klebstoff

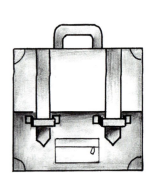

Der erste Schultag muß gefeiert werden. Lade dazu auch deine Freunde ein.

Das Tonpapier wird mit der Scherenspitze eingeritzt und umgeknickt (siehe Zeichnung nebenan). Die beiden Schlaufen, die du von unten abpausen kannst, klebe an die angegebenen Stellen der Schultasche.

Auf den Ranzendeckel werden entsprechend die Laschen geklebt.
Bevor du die Laschen in die Schlaufen steckst, mußt du deinen Einladungstext auf die Innenseite der Tasche schreiben lassen.
Wenn du nicht weißt, wie du den Ranzen anmalen sollst, schau dir doch mal deinen eigenen an …

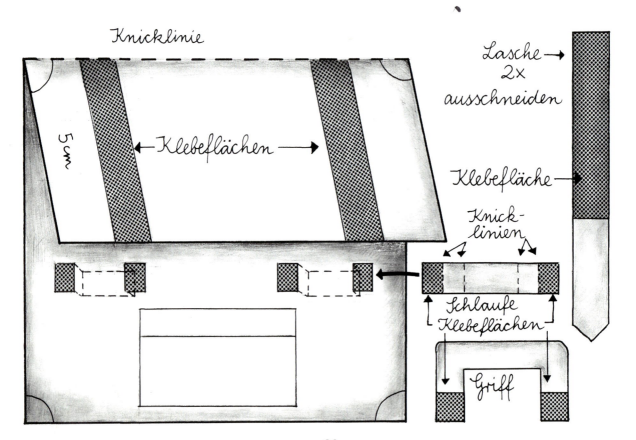

Stundenplan

Stabiler grauer Bastelkarton, 1 Stundenplan
dünner weißer Karton
Filz- und Wachsmalstifte
spitze Schere, Klebstoff

Nimm einen fertigen oder selbstgeschriebenen Stundenplan und lege ihn auf den Karton. Schneide diesen so aus, wie du es auf Zeichnung 1 siehst. Für die Standfläche wird der Karton mit Hilfe von Schere und Lineal angeritzt und dann umgebogen. Bemale danach eine Seite mit Wachsmalstiften. Nun schneidest du einen 2 cm breiten Pappstreifen in der Länge des Kartons zu und klebst ihn so auf dessen Rückseite fest, wie es die Zeichnung 2 zeigt. Auf dieser Abbildung siehst du auch, wie die **Stütze** gebastelt wird.

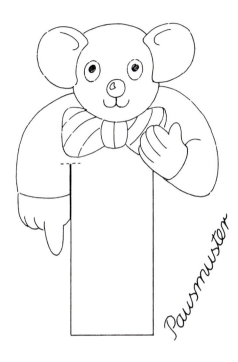

Zum Schluß überträgst du das Pausmuster auf den weißen Karton, schneidest es aus und malst es an. Stecke die Maus hinten in den Pappstreifen, so daß sie dir die Schultage anzeigen kann.

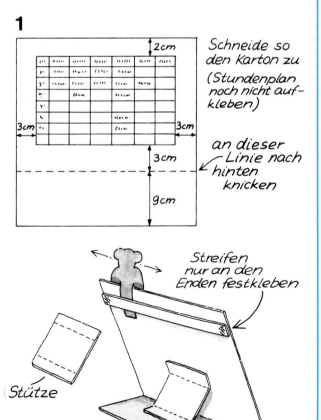

Butler „Jumbo"

Stabiler grauer Bastelkarton, Wellpappe
1 Streichholzschachtelhülle
1 Küchenrolle
Stoffrest, Paketschnur
Farbstifte, Deckweiß
grüne Plakafarbe
spitze Schere, Klebstoff

Übertrage das Pausmuster von der nächsten Seite einmal richtig und einmal seitenverkehrt auf den Karton und schneide die Teile aus.
Male Augen und Stoßzähne mit Deckweiß auf. Das Loch im Rüssel wird mit einem Locher gelocht. Alle Knicklinien werden mit Lineal und Schere angeritzt. Schneide eine Küchenrolle in zwei 9,5 cm lange Teile und klebe die Streichholzschachtelhülle zwischen die beiden Rollen.

Die beiden Elefantenkörperteile werden an den Rollen festgeklebt. Kopf und Rüssel klebst du an den Laschen zusammen, dann werden noch die Ohren angeklebt (Zeichnung rechts unten).
So befestigst du den Schwanz: Steche ein Loch in die hintere Rolle, ziehe die Schnur durch und mache an beiden Enden einen Knoten.

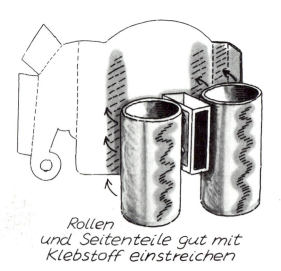

Rollen und Seitenteile gut mit Klebstoff einstreichen

Schneide den Boden aus Karton und ein gleich großes Stück Wellpappe zurecht. Der Elefant wird in die Mitte der Wellpappe gestellt, mit Bleistift umfahren und dieses Teil herausgeschnitten. Male die Wellpappe grün an und klebe sie auf den Karton.

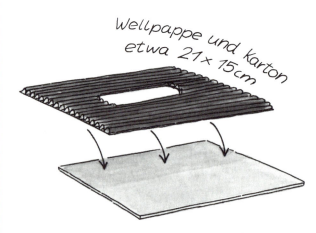

Wellpappe und Karton etwa 21 x 15 cm

Zum Schluß klebst du „Jumbo" auf seiner grünen Standfläche fest.

„Orientalische Decke" aus buntem Stoffrest

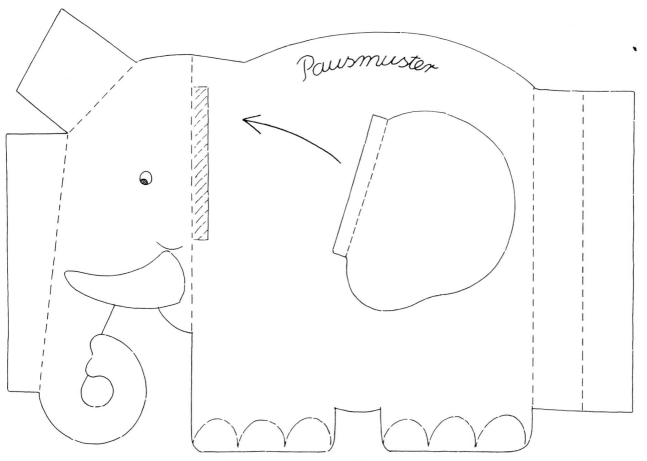

Pausmuster

Mein Namensschild

Zeichenpapier (50 x 7 cm)
weißer Karton, Wollrest
Bunt- oder Filzstifte
Schere, Klebstoff

Willst du deinen neuen Lehrer überraschen? Dann bastle doch ein buntes Namensschild. Nun wird er deinen Namen (und dich) bestimmt in guter Erinnerung behalten.

Zähle die Buchstaben deines Namens und falte das Papier im Zickzack so oft, daß in jedes Feld ein Buchstabe kommt. Hat dein Name eine ungerade Anzahl Buchstaben, bleibt das letzte Feld frei.
Achtung: Du brauchst außerdem noch ein Anfangs- und ein Endfeld!

Pause die Maus einmal richtig und einmal seitenverkehrt auf Karton. Wenn du sie ausgeschnitten und bemalt hast, wird eine auf das Anfangs- und eine auf das Endfeld geklebt. Je einen Wollfaden klebst du als Schwanz auf der Rückseite fest.

Super-Eistüte

Stabiler Karton (70 x 60 cm)
Paketklebeband
gelbes Tonpapier (50 x 70 cm)
Silberpapier (21 x 28 cm)
braunes Buntpapier (DIN A4)
1 Luftballon,
etwas Tapetenkleister
Zeitungspapier
rote und weiße Plakafarbe
Gummilitze
Bleistift, Schnur
Schere, Klebstoff

Diese tolle Schultüte kann man nicht kaufen – aber mit Hilfe von jemand älterem kannst du sie prima selber machen!
Zuerst wird die **Grundform** der Tüte gebastelt: Zeichne das **Schnittmuster** auf den Karton, so wie

du es auf der Zeichnung siehst. (Mit dem Bleistift-Schnur-Trick kannst du in Zukunft immer schöne Kreise machen.)

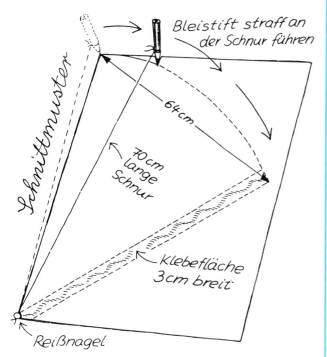

Schneide die Form aus und rolle sie zu einer spitzen Tüte. Bestreiche beide Klebeflächen mit Klebstoff und laß ihn antrocknen. Wiederhole dasselbe nochmals und klebe nun die Klebeflächen fest zusammen. (Beim Rollen und Kleben sollte dir unbedingt jemand helfen, da es ziemlich schwer geht.) Klebe über die Nahtstelle noch zusätzlich einen Streifen Paketklebeband.

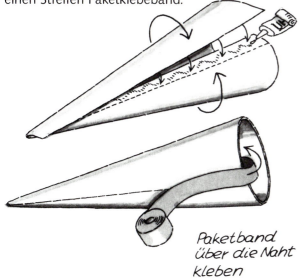

Für die **Eiskugel** bläst du einen Luftballon auf und verknotest ihn. Rühre etwas Tapetenkleister mit Wasser an. Reiße Zeitungspapier in schmale Streifen, streiche sie mit Kleister ein und klebe sie in 3 oder 4 Schichten um den Ballon. Laß alles gut trocknen (etwa 2 Tage!). Bemale erst dann die Kugel mit roter oder rosa Plakafarbe.

5 ...und nach 2 Tagen bemalen

Beklebe die fertige Grundform mit dem Tonpapier. Die Spitze kann frei bleiben. Für den „Schokoladenrand" werden 2 Streifen braunes Buntpapier zurechtgeschnitten und -gerissen. Klebe sie so auf den Tütenrand, daß etwa 2 cm überstehen. Dieses Stück wird eingeschnitten und nach innen geklebt.

Jetzt fädelst du die Gummilitze von außen durch die Spitze der Tüte. (**Achtung:** Festhalten!). Ziehe sie innen hoch und binde den Luftballon daran fest. Das andere Ende wird nach unten gespannt, so daß die Kugel fest auf der Tüte sitzt. Dann verknote und befestige die Litze an der Spitze mit einem halben Streichholz. Das Ganze wird verdeckt, indem du Silberpapier um die Spitze klebst.

Unter der Eiskugel sind deine Geschenke gut versteckt. Wer will naschen ...?

Gelbes Tonpapier

Die Spitze bleibt frei

„Schokoladenrand" festkleben

„Eiskugel" festbinden

Hier einfädeln und innen hochziehen

Silberpapier

Gummilitze mit halbem Streichholz verknoten

KANN MAN FÜR ETWAS BESTRAFT WERDEN, DAS MAN NICHT GEMACHT HAT?

NATÜRLICH NICHT!

ICH HAB' MEINE HAUSAUFGABEN NICHT GEMACHT.

Bitte nicht stören!

Tonpapier in 2 Farben
fester Karton (26 x 20 cm)
weißes Papier, Deckweiß
schwarzer Filzstift
Schere, Klebstoff

Übertrage das Pausmuster auf das eine Tonpapier. Male den Kater mit schwarzem Filzstift und Deckweiß an und schneide ihn aus. Jetzt hast du 2 Hälften. Der Karton wird mit dem anderen Tonpapier beklebt. Dann klebe die beiden Katerteile so darauf, daß Kinn, Tatze, Schwanzspitze und ein 3,5 cm breiter Streifen dazwischen frei bleiben. Jetzt kannst du dir für die „Katernachrichten" 3,5 x 22 cm lange Papierstreifen zurechtschneiden. Beschrifte sie und wechsle sie nach Lust und Laune aus.

Willst du deiner Familie auf liebenswerte Weise zeigen, daß an deiner Zimmertür dein „eigenes Reich" beginnt? Der freche Kater hält die auswechselbaren Nachrichtenschilder fest.

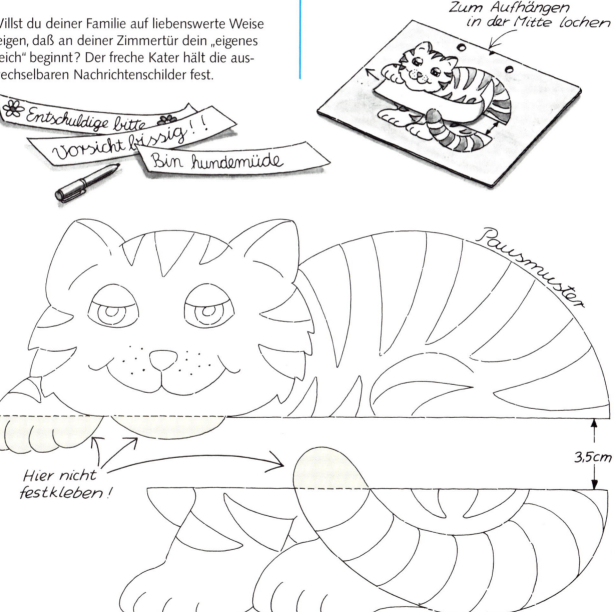

Für Gärtner, Sammler und Indianer

…ist dies genau das richtige Kapitel.
Hier wird gezeigt, wie man einen Kräutergarten
anlegt oder eine Pflanzenpresse baut.

Wer mit offenen Augen durch Wald und Flur
geht, hat schon bald alles gesammelt,
um sich „Familie Robinson" samt Rindenkanu
und Baumhaus zu basteln.

Und was ein junger Indianer noch nicht weiß,
das kann er hier lernen. Zum Beispiel, wie
man Rauchzeichen macht, sich ein Holzbeil
schnitzt oder Büffel-Würstchen brät.

Kleine Welt im Glas

Großes, sauberes Glas (3 l)
mit breiter Öffnung
Holzkohle
Blumenerde
kleine, junge Pflanzen
Haushaltsfolie, Gummi

Ein richtiger Gärtner weiß, daß Pflanzen Wasser, Licht, Luft und Wärme brauchen. Mit diesem „Garten im Glas" kannst du den Naturkreislauf genau beobachten.

Du brauchst ein großes, sauberes Glas mit mindestens 3 l Inhalt. Als erstes füllst du Holzkohle ein. Sie soll den Boden gut bedecken. Darauf kommt gekaufte Blumenerde. Das Glas soll jetzt 1/4 gefüllt sein.

Suche kleine, junge Pflanzen aus, die nicht zu schnell wachsen. Farn oder Efeu eignen sich sehr gut, aber auch die Grünlilie oder das Usambaraveilchen. Wenn du Ableger von verschiedenen Pflanzen nimmst, sieht es besonders schön aus.

Gieße alles gut an und verschließe das Glas mit einer durchsichtigen Folie und einem Gummi. Das Glas muß hell stehen, aber nicht in der direkten Sonne. Du darfst es nun nicht mehr öffnen. Dein kleiner Garten macht viele Monate keine Arbeit, denn du brauchst ihn überhaupt nicht gießen.

Dieser Garten ist auch gut für „Faulenzer", die trotzdem gerne Blumen haben!

Kleiner Kräutergarten

Langer Blumenkasten
Blumentöpfe
Blumenerde
verschiedene Kräutersamen
fester Karton
Butterbrotpapier
Plastik-Quarkbecher
wasserfeste Filzstifte
Schere

Hast du manchmal gerade im Winter Appetit auf frische Kräuter? Ein kleiner Kräutergarten im Zimmer hat das ganze Jahr über Erntezeit. Du brauchst dazu nur einen langen Blumenkasten, Blumenerde, Samen und etwas Geduld.

Fülle den Blumenkasten mit Blumenerde und lege die Kräutersamen zurecht. Bastle zunächst die Vogelschildchen (für jede Kräutersorte eines). Dazu machst du eine Schablone aus Karton. Schneide aus Plastikbechern möglichst große, gerade Flächen aus. Lege die Schablone darauf und umfahre sie. Dann schneide die Saatvögel aus und beschrifte und bemale sie mit wasserfesten Filzstiften.
Jetzt teilst du deine Pflanzflächen ein und streust die Samen gut verteilt auf die einzelnen Felder. Stecke sofort die dazugehörigen Schildchen in die Erde.

Nimm nur jeweils die Hälfte der Samen aus den Tütchen und verschließe sie wieder mit Büroklammern – du kannst sie noch gebrauchen. Decke nun die Saatflächen mit etwas Erde dünn zu und drücke diese leicht an. Jetzt mußt du nur noch mit lauwarmem Wasser gießen und warten.

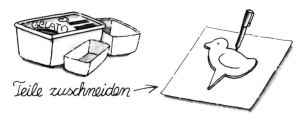

Wenn es an deinem Küchenfenster schön warm und sonnig ist, werden die ersten Keime bald sprießen. Nicht alle Kräuter wachsen gleich schnell.

Ein Tip: Petersilie keimt langsam. Wenn du die Samen vor dem Säen einen Tag in warmem Wasser quellen läßt, geht es schneller.

Wenn deine Keimlinge zu eng stehen, solltest du sie mit einer Pinzette auslichten. Laß nur die kräftigsten Pflänzchen stehen.

Nach einiger Zeit sind die Kräuter kräftig gewachsen. Es wird im Balkonkasten zu eng. Jetzt mußt du sie „pikieren", das heißt einzeln in Töpfe pflanzen.

Wahrscheinlich sind bei dir viel zu viele Pflanzen aufgegangen. Damit du sie nicht wegwerfen mußt, kannst du sie in Blumentöpfe setzen und verschenken.

Deine Kräutertöpfe stellst du wieder zurück in den Blumenkasten. Du hast es dann beim Gießen leichter. Die meisten Kräuter sind einjährig, sie sterben nach einer gewissen Zeit ab. Manche, wie Schnittlauch, Estragon oder Petersilie, sind mehrjährig. Wenn sie zu groß werden, pflanze sie in den Garten oder auf den Balkon. Dort kannst du dann noch oft ernten.

Die Grüne Soße

Der große Dichter Johann Wolfgang von Goethe liebte dieses Gericht über alles. Jedesmal, wenn er heim nach Frankfurt kam, bereitete ihm seine Mutter diese Leibspeise zu.

Du brauchst dazu sehr viel frische Kräuter. Genau das richtige also, wenn dir dein „Kräuterwald" so langsam über den Kopf wächst…
Im Frühling wächst auf der Wiese der Sauerampfer. Auch er paßt vorzüglich in die „Grüne Soße".

— Sauerampfer —

Rezept

2 Becher Joghurt,
1/4 l saure Sahne, 2 hartgekochte Eier, viel Schnittlauch, Petersilie, Borretsch, Kerbel, Dill, Estragon und Sauerampfer und etwas Salz.
Würfle ein Ei ganz fein und mische es mit Joghurt und saurer Sahne. Die Kräuter werden so fein wie möglich geschnitten und in einer Schüssel unter die Soße gemengt. Das andere Ei halbierst du und legst es auf die Soße. Garniere noch mit Petersilie. Ganz lecker schmeckt die Grüne Soße zu Pell- oder Bratkartoffeln.
Guten Appetit!

Winterfutter für die Vögel

Blumentopf aus Ton
Schnur, Stock, Schere
Rindertalg
Vogelfutter (Körner)

Im Sommer fressen die Vögel im Garten Schnecken, Käfer und Raupen. Sie sorgen so dafür, daß die Pflanzen unbeschadet wachsen können. Im Winter solltest du nun für die Vögel sorgen.

Mit dieser Futterglocke, gefüllt mit einer Körner-Fett-Mischung, kannst du ihnen im Garten oder auf dem Balkon den „Tisch decken".

Schnur festbinden

Der Rindertalg wird so lange erhitzt, bis flüssiges Fett entsteht. Achtung! Mit heißem Fett muß man sehr vorsichtig umgehen, deshalb sollte dir unbedingt ein Erwachsener dabei helfen. Laß die Masse abkühlen und vermenge sie mit einem gleichen Teil Körner. Die Schnur hast du an einem Stockende festgebunden. Ziehe sie durch das Loch im Topfboden, halte den Stock in der Mitte und drücke die Futtermischung gut an.

Rindertalg und Körner vermischen

Stock einsetzen und einfüllen

Wenn die Futtermischung ganz erkaltet ist, hängst du die Futterglocke am besten an einen Baum vor dem Fenster, damit du die Vögel gut beobachten kannst.

Botanisierköfferchen

1 leere Zigarrenkiste
Gummilitze
4 leere Streichholz-
schachteln
4 Holzperlen
Leinenband, 2 cm breit
farbiges „d-c-fix"
Pappe, Hefter, Schere

Wer gerne wandert und dabei alles mögliche sammelt und beobachtet, braucht ein Botanisierköfferchen. Hier siehst du eine Möglichkeit, es zu basteln. Wichtig ist vor allem der Inhalt:
1 Taschenmesser mit Säge, 1 Lupe, 1 Schere, 1 Löffel (für Ausgrabungen), Schnur, Bleistift und Notizblock, Heftpflaster, kleine Dosen und Schachteln als Sammelbehälter.

Verklebe die Schachteln miteinander und umklebe sie mit farbiger Folie.

Befestige an jeder Schublade mit Zwirn eine Perle

An der inneren Rückwand der Zigarrenkiste werden die Sammelbehälter angeordnet, auf der Innenseite des Deckels Schere, Taschenmesser, Lupe, Bleistift und Heftpflaster.

1. Schneide Pappstreifen in der entsprechenden Größe und beklebe sie mit „d-c-fix".

2. Auf den Pappstreifen wird die Gummilitze so festgeklammert, daß passende Schlaufen für „Werkzeug" und Behälter entstehen.

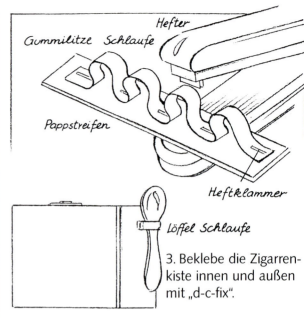

3. Beklebe die Zigarrenkiste innen und außen mit „d-c-fix".

4. Klebe die Pappstreifen und das Schubladenschränkchen in die Kiste.

5. An einer Seitenwand wird außen noch eine Schlaufe für den Löffel festgeklammert.

6. Lege das Leinenband rund um die Kiste und klammere es unten und an den Seiten fest.

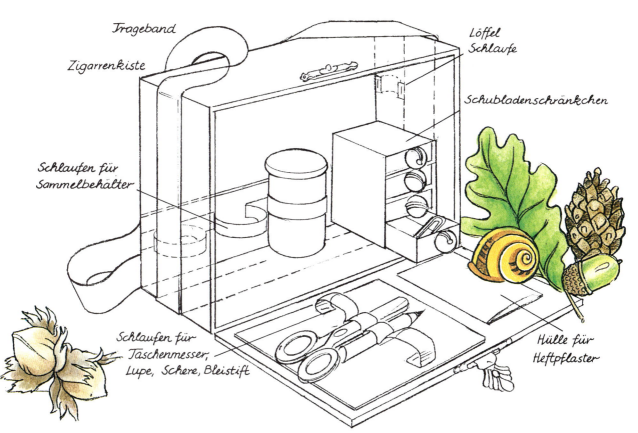

Pflanzenpresse

2 Sperrholzbrettchen
(18 x 18 cm, 6 mm)
4 Gewindeschrauben
(3 cm lang)
4 Flügelmuttern
4 Unterlegscheiben
1 flache Zigarrenkiste
Gummilitze
Leinenband
2 Drahtösen, Klebstoff
farbiges „d-c-fix"
1 Löschpapierheft

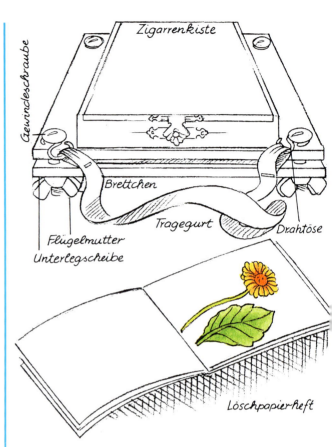

1. Lege die beiden Brettchen genau aufeinander, presse sie mit einer Zwinge zusammen und bohre in jede Ecke ein Loch. Dabei sollte dir ein Erwachsener helfen!

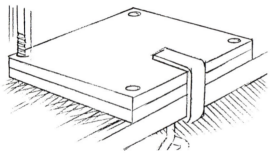

2. Beklebe die Brettchen und die Zigarrenkiste mit „d-c-fix".

3. Klammere zwei Gummischlaufen für den Bleistift und die Schere an der Innenseite des Deckels fest.

4. Klebe die Zigarrenkiste auf ein Brettchen – gut antrocknen lassen!

5. Lege die beiden Brettchen genau aufeinander und stecke durch die Löcher je eine Gewindeschraube. Auf das Gewindeende kommt erst eine Unterlegscheibe und dann eine Flügelmutter.

6. Befestige mit je einer Drahtöse an zwei Schraubenköpfen das Leinenband als Tragegurt.

7. Lege zwischen die Brettchen das Löschpapierheft.

Wenn du eine Pflanze pressen willst, schneide sie mit der Schere sorgfältig ab. Lege sie zwischen zwei Löschpapierseiten in die Presse. Ziehe die Flügelmuttern fest an und laß deine „Schätze" einige Tage trocknen. Dann kannst du damit basteln oder ein kleines „Herbarium" anlegen.

Familie Robinson

Kastanien, Zapfen
Eicheln mit Hütchen
Bucheckernschalen
Beeren, Farnblätter
Ästchen, Federn
Streichhölzer
scharfes Messer
Schere, Klebstoff

Frau

Eine große und eine kleine Kastanie sind der Körper. Mit einem Streichholz und einem dicken Klecks Klebstoff werden die Kastanien verbunden. Darauf kommt eine Eichel als Kopf.

Damit die Frau auch gut steht, bekommt sie Füße aus Kiefernzapfenschuppen. Als Arme steckst du zwei Ästchen in die kleine Kastanie.

Eine Frisur aus Bucheckernschalen und Schmuck aus Farnblättern machen Frau Robinson noch hübscher …

Mann

Der Körper ist eine große Kastanie. Darauf kommt der Kopf aus einer Eichel mit Hütchen. Für die Arme und Beine brauchst du vier Stöckchen, die du in die Kastanie steckst. Zwei angebohrte Eicheln sind die Schuhe, rote Beeren kannst du noch als „Knöpfe" ankleben (Zeichnung 1).

Kind

Ein Kiefernzapfen als Körper, eine Eichel als Kopf, der Flaum einer Feder als Haare – mehr brauchst du nicht für das kleine Kastanienkind (Zeichnung 2).

Für den Korb die Schale einer Kastanie vorsichtig einschneiden und dann aushöhlen

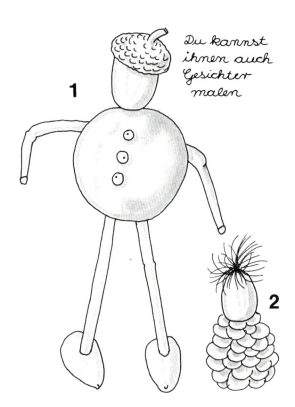

Du kannst ihnen auch Gesichter malen

Ein Haus für Familie Robinson

Gerade und gegabelte Stöckchen, Moos
Zapfen, Beeren
Gräser, Kiefern- und Tannenzweige
Bast, Schere

Wenn das Haus gut steht, wird noch das Dach aus Moosplatten daraufgedeckt (Foto).

Haus

Dazu brauchst du viele gerade Stöckchen und welche, die am Ende eine Astgabel haben. Nebenan siehst du genau, wie viele Stöckchen du von jeder Größe und Art brauchst.

Am einfachsten ist es, du steckst die Stöcke A und B in den Boden. Dann werden der Reihe nach die Stöcke C, D und E daran befestigt (Zeichnung 1). Zum Befestigen umwickelst du die Verbindungspunkte fest mit Bast (Zeichnung 2).

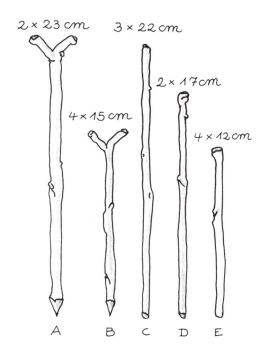

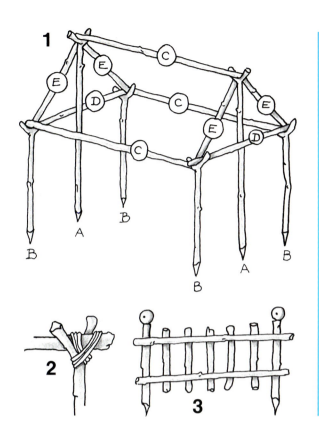

Zaun

Hier findest du die Maße für ein Zaunteil. Du kannst die einzelnen Teile zusammenkleben oder, wie beim Haus, mit Bast verbinden. Schön sieht es aus, wenn der Zaun noch mit roten Beeren verziert wird (Zeichnung 3).

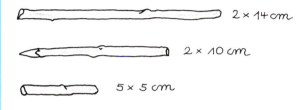

Tor

Zum Tor gehören 3 Stöcke: zwei mit einer Gabelung und ein gebogener. Der gebogene wird einfach in die Gabelungen gelegt, und das Tor ist fertig (Foto).

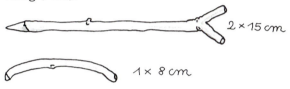

Bäume

Lärchen- oder Kiefernzapfen werden angebohrt und in die Löcher Stöckchen als Stämme eingeklebt.
Deine Bäume stehen am besten, wenn du sie in den Boden oder in ein Stück Knete steckst. Auch Gräser und Tannenzweige eignen sich gut als Bäume und Büsche.

Rindenkanu

Birkenrinde
fester Karton
Butterbrotpapier
scharfes Messer
Schere, Klebstoff

Abgelöste Birkenrinde findest du im Frühjahr. Dann lösen sich durch die Wärme größere Rindenstücke. Nimm zum Basteln nur abgefallene Stücke! Du brauchst ein etwa 17 x 11 cm großes Stück. Schneide dir mit Hilfe des Pausmusters von nebenan eine Schablone zurecht (Zeichnung 1). Lege sie auf die Rinde und schneide die Form aus.

Dann klebe in die Mitte eine Bodenplatte aus Karton. An den gekennzeichneten Linien muß das Kanu gut zusammengeklebt werden (Zeichnung 2).

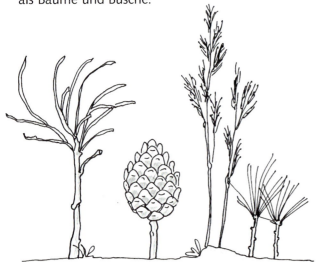

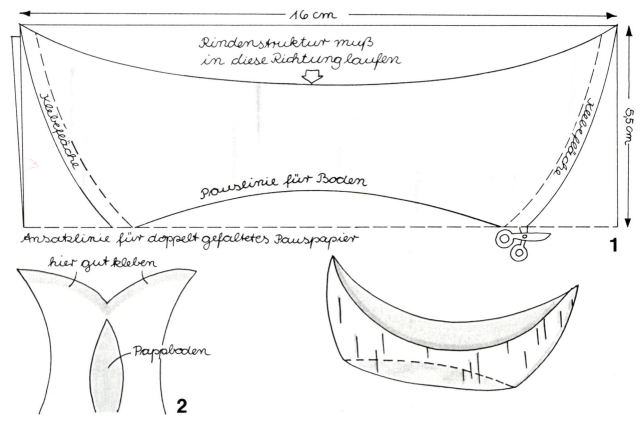

Wanderstock

Haselnußstock
Taschenmesser

Auf einer Entdeckungsreise durch Wald und Flur wird dir ein Wanderstock gute Dienste leisten. Du kannst dich auf ihn stützen, mit seiner Hilfe einen Bach überspringen, in einem Busch herumstochern oder dich gegen einen „Drachen" wehren ...
Suche einen Haselstrauch, er hat die schönsten geraden Stöcke. Damit es ein Prunkstock wird, verziere ihn mit Schnitzereien.

1. Schneide in die Rinde mit dem Messer Ringe.

2. Schneide zwischen zwei Ringe einen Schlitz. Überspringe immer zwei Ringe.

3. Löse die Rindenteile zwischen zwei Ringen vom Stock.

Hier siehst du verschiedene Schnitzmuster – denke dir auch selber welche aus.

Wald- und Wiesenschmuck

Eicheln, Ahornnasen
Nüsse, Tannenzapfen
Bucheckernfrüchte und
-schalen, Blätter
Getreideähren, Grashalme
Blumen, Hagebutten...
Zwirn, Nadel, Schere

1. Ordne die verschiedenen Pflanzen und Früchte so an, wie du sie später als Kette haben möchtest. Du kannst sie bunt zusammenstellen oder zu einem bestimmten Muster anordnen. Aber auch nur eine Sorte sieht sehr schön aus.

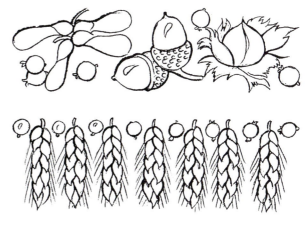

2. Fädle ein etwa 50 cm langes Stück Zwirn in eine Nadel.

3. Durchsteche die einzelnen Pflanzen und Früchte und fädle sie auf.

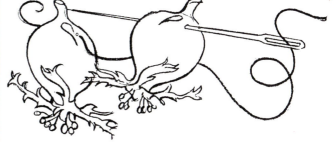

4. Du mußt darauf achten, daß die Kette lang genug ist, damit dein Kopf hindurchpaßt. Verknüpfe die beiden Fadenenden miteinander.

Auf die gleiche Weise kannst du auch Armbänder und Kopfkränze basteln.

Für kleine Indianer

Haselnußstöcke
3 weitere fingerdicke Äste
(50, 50 und 40 cm lang)
Federn
Paketschnur, Kordel
1 großes Kopftuch
Taschenmesser

Auf den nächsten Seiten findest du alles, was eine Indianerfamilie braucht.

Flitzebogen und Pfeile

Das beste Holz für Flitzebogen hat der Haselnußstrauch. Suche dir für die Pfeile mehrere dünne gerade Zweige und Federn und für den Bogen einen geraden Zweig. Eine wichtige Indianerregel darfst du niemals vergessen: Ziele auch aus Spaß nie auf einen Menschen oder ein Tier!

1. Schneide die dünnen Haselstöcke alle auf 50 cm Länge. Das dickere Ende ist vorn.

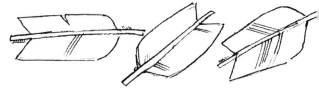

2. Schneide die Federn wie auf der Zeichnung zurecht.

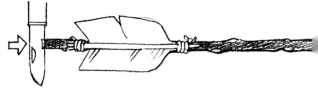

3. Befestige je eine Feder mit Schnur am dünnen Ende des Haselstocks.

4. Schnitze in dieses Ende eine Kerbe.

5. Umwickle den Bogenstock in der Mitte mit Schnur.

So hält die Wicklung richtig fest:
Lege eine 20 cm lange Schlaufe aus Schnur auf die Mitte des Stockes. Umwickle den Stock mit der Schlaufe von A in Richtung B mit Schnur.
Stecke das Ende der Schnur durch die Schlaufe C. Ziehe dieses Ende mit dem Ende D in die Wicklung.

6. Damit die Bogenschnur nicht verrutscht, werden beide Enden des Bogens eingekerbt.

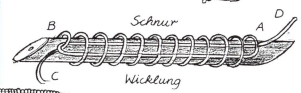

7. An einem Ende wird die Bogenschnur fest in die Kerbe gebunden. In das andere Ende der Schnur knüpfst du eine Schlaufe. Die Schnur muß etwa 15 cm kürzer sein als der Stock.

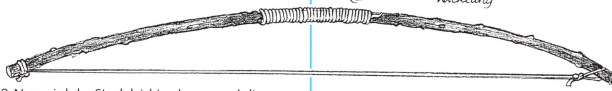

8. Nun wird der Stock leicht gebogen und die Schnur mit der Schlaufe in die Kerbe gehängt.

Lagerfeuer und Rauchzeichen

*Ein **Lagerfeuer** darfst du nur zusammen mit erwachsenen Indianern machen! Benutzt dafür eine festeingerichtete Feuerstelle.*

In die Mitte der Feuerstelle kommt zerknülltes Zeitungspapier, darüber dünne Ästchen und Späne, und pyramidenförmig über diesen „Kern" schichtet ihr dickere trockene Äste. Dann zündet das Zeitungspapier an.

*Für **Rauchzeichen** braucht ihr weißen Qualm. Dieser entsteht, wenn ihr Arme voll „Grünzeug" in das Feuer werft. Dann haltet ein <u>ganz feuchtes</u> Tuch an seinen vier Ecken <u>hoch</u> über das Feuer. Durch Stillhalten und Bewegen des Tuches bilden sich große und kleine Rauchwolken.*

Das kocht die Indianerfrau:

Zum Kochen und Rösten darf vom Feuer nur noch die heiße Glut übrig sein!

Geröstete Maiskolben
Maiskolben zu Hause in Salzwasser vorkochen, über der Glut rösten, mit Butter bestreichen und ringsherum abknabbern.

Glut-Tomaten
Tomaten kreuzförmig einschneiden, mit Gewürzen bestreuen, in Alufolie wickeln und kurz in der Glut schmoren.

Büffel-Würstchen
werden beidseitig eingeschnitten, auf einen langen Stock gespießt und über der Glut geröstet.

Schwarze Bananen
Eine Banane so lange in die Glut legen, bis die Schale schwarz ist. Die Banane schälen und die Bananenstücke mit selbstgepflückten Beeren auf einem großen, grünen Blatt servieren.

Holzbeil

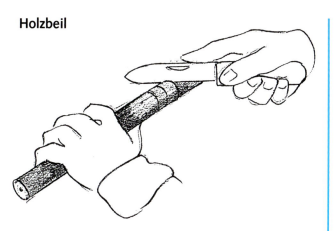

1. Schneide dir einen Haselnußstock auf etwa 30 cm Länge zurecht und verziere ihn mit Schnitzereien.

2. Suche dir ein dickes Stück Holz in Beilform.

3. Binde das Stück Holz mit der Schnur fest an den Stock. Wie du die Kordel am besten wickelst, siehst du auf der Zeichnung.

Trage für Indianerkinder

Binde drei Äste fest zu einem Dreieck zusammen. Die Mitte der Kordel knotest du an der oberen Spitze des Dreiecks fest, die beiden Enden jeweils an der rechten und linken unteren Spitze. Mit diesen Schlaufen kannst du die Trage später wie einen Rucksack tragen. Das Tuch faltest du zum Dreieck und legst es unter das Traggestell. Dann lege dein Indianerkind auf das Tuch, schlage die 3 Zipfel um Gestell und Kind nach vorne und verknote sie.

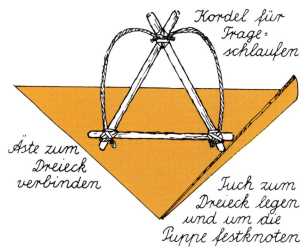

Am Wasser

Sommerzeit – Badezeit!
Aber es muß nicht unbedingt das Meer sein –
das Gummimotorboot bevorzugt kleine Weiher,
Schaufelradfloß und Wasserrad brauchen die
Strömung vom Waldbach, dem Rindenschiffchen
genügt schon eine große Pfütze,
und das Badewannen-Mobil flitzt herrlich
in der … na?

Rindenschiffchen

Rinde, Äste, Blätter
Zapfen, Eicheln, Schnur
Taschenmesser

Hast du dein Rindenschiffchen fertig, brauchst du nur noch einen Teich, einen Bach oder eine Pfütze. Ahoi, kleines Schiffchen, und guten Wind!

1. Zeichne mit dem Bleistift die Schiffchenform auf das Rindenstück.

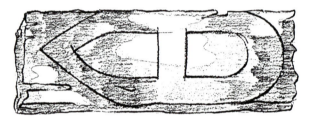

2. Schnitze zuerst die äußere Form aus der Rinde.

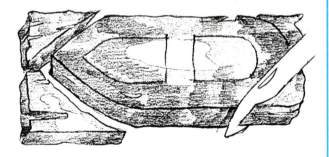

3. Höhle das Schiffchen vorsichtig aus. Achte darauf, daß kein Loch in den Boden kommt!

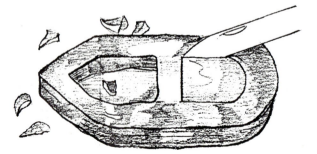

4. Bohre ein kleines Loch in den Steg und stecke einen kleinen Ast als Mast hinein.

5. Binde den Mast mit der Schnur fest und klemme sie an Bug und Heck in einem Schlitz fest.

6. Ein Blatt, ein Stückchen Rinde oder ein Stück Papier wird das Segel. Ein kleiner Kapitän steuert das Boot sicher über alle Pfützenmeere.

Das Badewannen-Mobil

9 Holzspatel
1 Messer
1 Gummiring
Klebstoff

Vier Spatel quer auf zwei parallel liegende Spatel kleben.
Kleber antrocknen lassen.

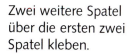

Zwei weitere Spatel über die ersten zwei Spatel kleben.

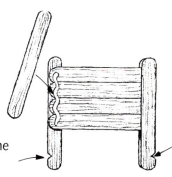

Mit einem Messer kleine Kerben einschneiden.

Dieses flotte Boot wird mit einem Gummimotor angetrieben. Du kannst es in der Badewanne starten lassen, aber genausogut fährt es in einem Bach oder See.

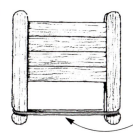

4 cm langes Spatelteil ebenfalls einkerben und als Paddel zwischen einen gespannten Gummiring setzen.

Und so funktioniert der Gummimotor:
Drehe das Paddel so fest wie möglich um den Gummiring, setze das Floß aufs Wasser, laß das Paddel los – und schon saust es davon!

Gummimotor aufziehen!

Nun geht es auf Fischsuche: Kronkorken, krumme Nägel, Muttern, Schrauben, kleine Blechdosen und -deckel – alles, was klein und aus Metall ist. Wenn du genügend Fische hast, brauchst du noch ein „Becken". Das kann zum Beispiel ein Karton sein.

Jetzt kann das Fischefangen beginnen. Die Spielregel findest du hier unten.

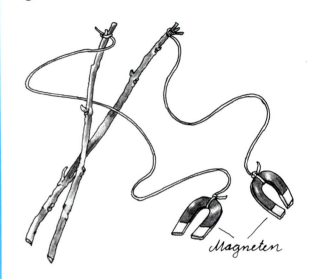

Magneten

Abfall-Angler

Ast-Stöcke (50 cm lang)
feste Schnur
kleine Magneten

Spielregel:
Reihum darf jeder immer zweimal angeln. Dabei darf nicht in das Becken geschaut werden! Hat ein Fisch schon beim erstenmal „angebissen", darf man ihn behalten und noch einmal angeln. Dann kommt der nächste dran. Das Spiel ist beendet, wenn keine Fische mehr im Becken sind. Gewonnen hat, wer die meisten Fische geangelt hat.

Abfall-Angler angeln „Fische", die andere achtlos wegwerfen: sie sind aus Metall und liegen (leider) überall herum ...

Für dieses Spiel brauchst du mindestens 2 Angeln. Aus den Stöcken, der Schnur und den Magneten kannst du sie selber machen (Zeichnung rechts oben). Es müssen immer so viele Angeln wie Mitspieler sein.

Wasserrad

Astgabeln, gerade Stöcke
Baumrinde, Schnur
Taschenmesser

„Es klappert die Mühle am rauschenden Bach –
Klipp, Klapp, Klipp, Klapp, Klipp, Klapp …"
Klappern kann dein Wasserrad nicht, aber dafür
dreht es sich munter. Stelle es mitten in einen
Bach, je kräftiger das Wasser sprudelt, desto
schneller dreht sich das Rad.

1. Wenn du dein Wasserrad verzieren willst,
schnitze die Muster in die Rinde, bevor du mit
dem Zusammenbau beginnst.

2. Löse die Rinde in den Astgabeln und an den
Enden der Achse. So dreht diese sich besser.

3. Schneide die Rindenstückchen auf **eine** Größe zurecht.

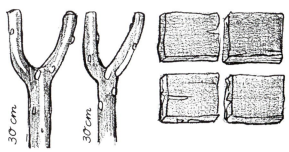

2 Astgabeln für die Halterung der Achse

4 Rindenstücke als Wasserschaufeln

1 Ast 40 cm lang als Achse

2 Äste 30 cm lang als Schaufelträger

4. Spalte die Achse in der Mitte an zwei gegenüberliegenden Stellen.

5. Schräge die Schaufelträger an den Enden ab.

6. Schiebe je einen Schaufelträger mit dem schrägen Ende zuerst durch je einen Spalt der Achse.

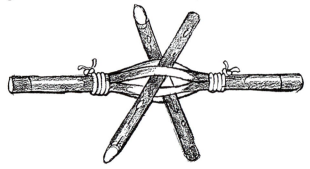

7. Umwickle die Schlitzenden fest mit Schnur.

8. Spalte die Schaufelträger an den Enden und klemme die Rindenstücke hinein.

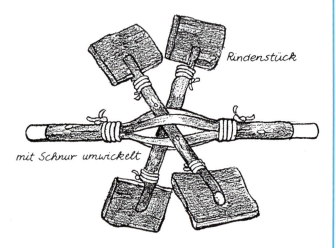

9. Umwickle dicht hinter den Schaufelrädern den Ast mit Schnur.

10. Stecke die Halterung in den Boden und lege die Achsen so hinein, daß die Schaufeln das Wasser berühren (Foto Seite 111).

Gummimotorboot

11 Korken
Plastik-Joghurtbecher
2–3 Gummiringe
4 Holzschaschlikspieße
Stecknadeln, 2 Nägel
Lochraspel, Messer
Schere, Fingerhut
10 cm Draht

Dieses Boot fährt mit einem Schaufelrad, wie ein Mississippi-Dampfer. Wenn du es nach der Bildanleitung zusammengebaut hast, drehe das Wasserrad so oft es geht rückwärts, halte es fest und setze das Boot auf das Wasser. Dann laß das Schaufelrad los: dein Boot fährt.

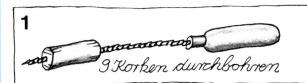

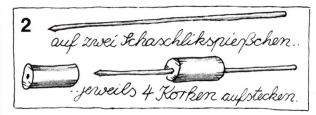

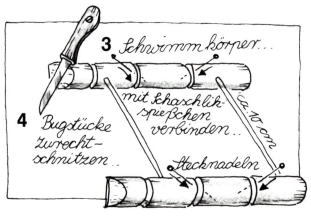

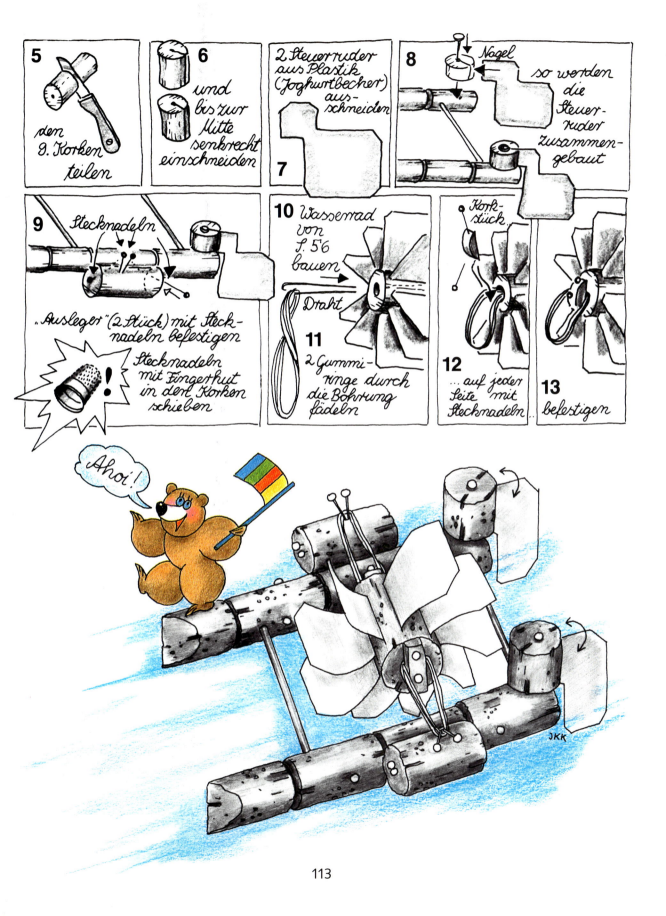

Schaufelradfloß

10 Korken
2 Plastik-Joghurtbecher
4 Holzschaschlikspieße
Strumpfstricknadel
aus Metall
leere Garnrolle
Plastiktrinkhalm-Stück
kleines Stück Holz
10–20 m fester Zwirn
Klebstoff
Hammer, Lochraspel
Messer, Schere

Ob du es glaubst oder nicht: Dieses Schaufelradfloß kann stromaufwärts schwimmen! Wie das geht, siehst du auf der nächsten Seite.

Bau das Floß so zusammen, wie du es auf den Bildern 1–8 siehst. Dann geh an einen Bach oder Fluß mit Strömung und setze dein Floß hinein. Behalte dabei das Hölzchen mit dem Faden fest in der Hand und laß das Schaufelradfloß treiben, bis der Faden ganz abgewickelt ist. Die Schaufelräder fangen nun an sich zu drehen, der Faden wickelt sich auf die Garnrolle, und das Floß kommt stromaufwärts zu dir zurück.

Zwirn gut am Holzstück festbinden, sonst ist dein Floß weg!

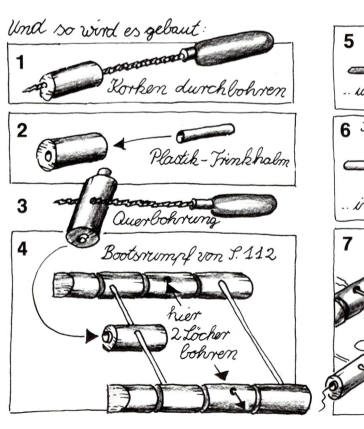

Und so wird es gebaut:
1 Korken durchbohren
2 Plastik-Trinkhalm
3 Querbohrung
4 Bootsrumpf von S. 112 — hier 2 Löcher bohren

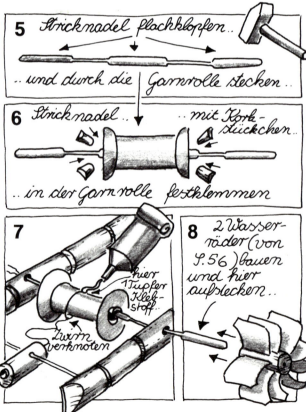

5 Stricknadel flachklopfen.. ..und durch die Garnrolle stecken..
6 Stricknadel.. ..mit Korkstückchen.. ..in der Garnrolle festklemmen
7 hier Tupfer Klebstoff — Zwirn verknoten
8 2 Wasserräder (von S. 56) bauen und hier aufstecken..

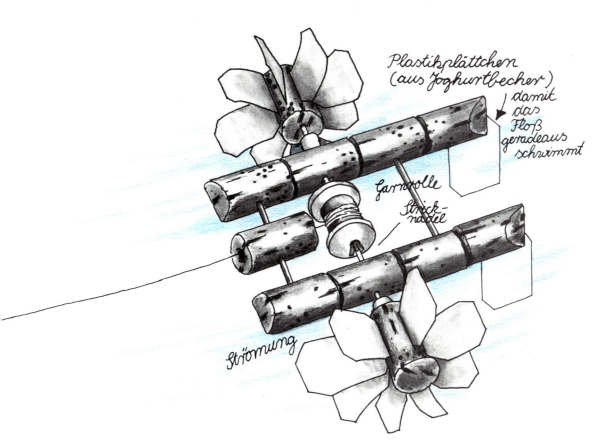

Unterwasserlupe

Leere Blechdose
Gummiringe
durchsichtige
Plastikfolie

Bist du auch schon mal auf einem Steg oder in einem Boot gesessen, hast in das glitzernde Wasser geschaut und dich gefragt, wie es wohl dort unten aussieht?

Mit dieser Unterwasserlupe kannst du dir die Frage beantworten:

Drücke die Lupe mit der Folie nach unten ins Wasser. Die Folie wölbt sich etwas nach oben, und du kannst dir die Welt unter Wasser vergrößert betrachten.

So wird die Lupe gebaut:

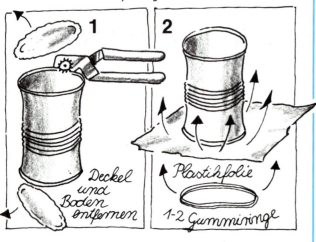

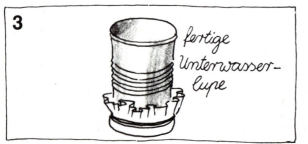

Flaschentaucher

**Saft- oder Weinflasche (Literflasche)
Saftflaschen-Gummiverschluß
1 Glasröhrchen
(von Faschingsglimmer oder Tabletten)
Plastiktrinkhalm
wasserfeste Filzstifte
Schere, Lochraspel**

Dieser kleine Taucher taucht in seiner Flasche auf und ab. Und zwar nur dann, wenn du es willst: Auf „Knopfdruck" taucht er unter und kommt wieder hoch.

So wird der „Taucher" gebaut:

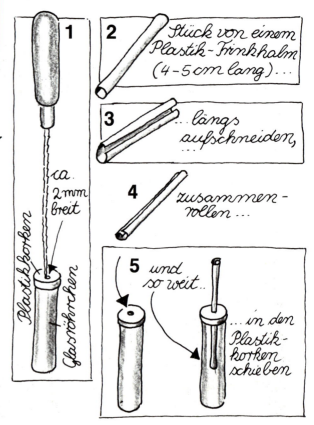

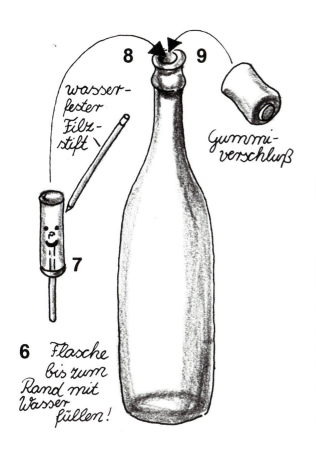

6 Flasche bis zum Rand mit Wasser füllen!

8 wasserfester Filzstift

9 Gummiverschluß

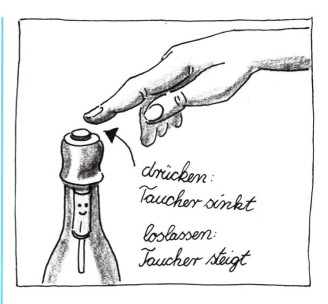

drücken: Taucher sinkt

loslassen: Taucher steigt

Wenn dein Taucher nicht untergehen will, zieh das Röhrchen etwas weiter heraus. Sinkt er zu schnell und kommt nicht wieder hoch, dann hole ihn aus der Flasche, öffne den Plastikdeckel, laß das Wasser herauslaufen und schiebe das Röhrchen etwas weiter hinein.

Es fliegt was in der Luft

Eine weiße Papiertaube fliegt lautlos vorbei, lustig bunte Flugdeckel sausen durch die Luft, der Flugschrauber schießt seinen Propeller blitzschnell ab, tollkühne Flieger drehen ihre Loopings, und der kleine Schachtelspringer landet lachend im Gebüsch...

Na, weißt du schon, was du als erstes basteln willst?

Papiertaube

Farbiges Papier
Butterbrotpapier
Schere

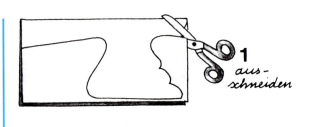

1 ausschneiden

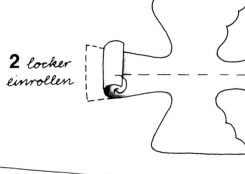

2 locker einrollen

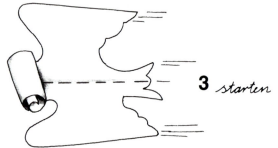

3 starten

Kommt ein Vogel geflogen ... Diese Papiertaube fliegt federleicht und ist kinderleicht zu basteln. Schneide das Papier auf eine Größe von etwa 31 x 16 cm zurecht.

Falte es einmal in der Mitte und übertrage darauf das Pausmuster von unten.

Dann wird der Vogel ausgeschnitten und das Kopfteil bis zum Flügelansatz locker aufgerollt. Am besten nimmst du dazu einen Bleistift.

Wenn du eine kleine Nachricht auf die Flügel schreibst, hast du eine Brieftaube ...

Zum Abpausen

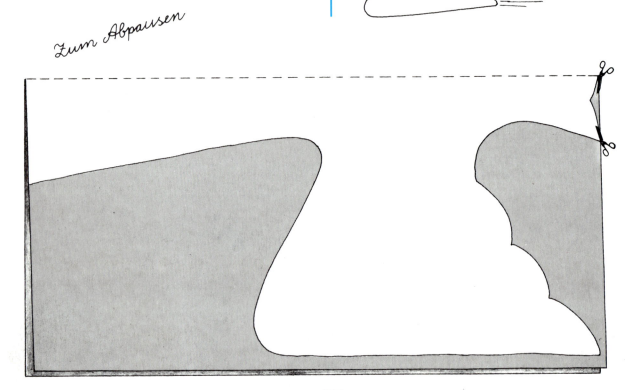

Flugdeckel

**Bierdeckel
farbiges Papier
Bleistift, Klebstoff**

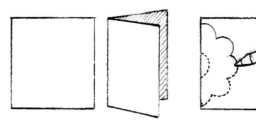

3. Papier zurechtschneiden, falzen und das Motiv aufzeichnen – etwas kleiner als der Bierdeckel –, ausschneiden, auseinanderklappen und auf den Deckel kleben.

Sie gleiten, fliegen, steigen steil,
im Fallen drehend, rollen sie
noch viele, viele Meter.

Ein Spiel für dich, ein Spiel für mich
und für den dicken Peter.

Denke dir für deine Flugdeckel viele bunte Formen aus!

1. Beklebe die Bierdeckel von beiden Seiten mit farbigem Papier.

2. Schneide das überstehende Papier ab.

Flugschrauber

1 Garnrolle, 1 Filmdose
1 großer Joghurtbecher
mit flachen Seiten
1 Rundholz: 0,6 cm dick
1 m dünne Schnur, 1 Perle
bunte Klebefolie
Messer, Klebstoff

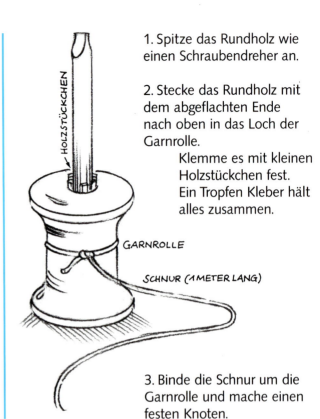

1. Spitze das Rundholz wie einen Schraubendreher an.

2. Stecke das Rundholz mit dem abgeflachten Ende nach oben in das Loch der Garnrolle.
   Klemme es mit kleinen Holzstückchen fest. Ein Tropfen Kleber hält alles zusammen.

Du ziehst die Schnur, und schon erhebt der Schrauber sich und schwebt.

Geh auf die Wiese, nicht ans Haus.
Fliegt er aufs Dach, dann ist es aus.

3. Binde die Schnur um die Garnrolle und mache einen festen Knoten.

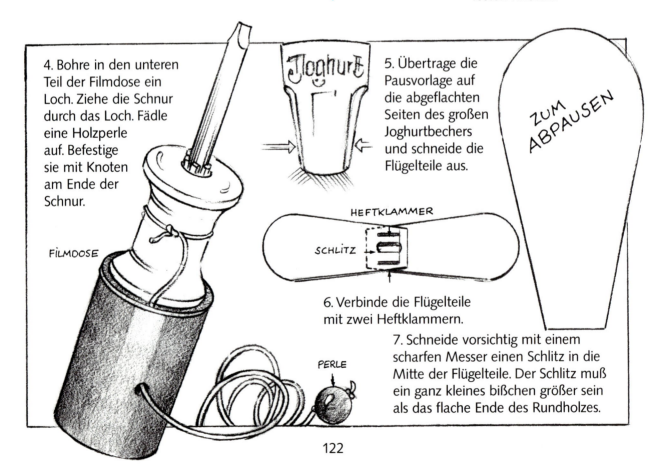

4. Bohre in den unteren Teil der Filmdose ein Loch. Ziehe die Schnur durch das Loch. Fädle eine Holzperle auf. Befestige sie mit Knoten am Ende der Schnur.

5. Übertrage die Pausvorlage auf die abgeflachten Seiten des großen Joghurtbechers und schneide die Flügelteile aus.

6. Verbinde die Flügelteile mit zwei Heftklammern.

7. Schneide vorsichtig mit einem scharfen Messer einen Schlitz in die Mitte der Flügelteile. Der Schlitz muß ein ganz kleines bißchen größer sein als das flache Ende des Rundholzes.

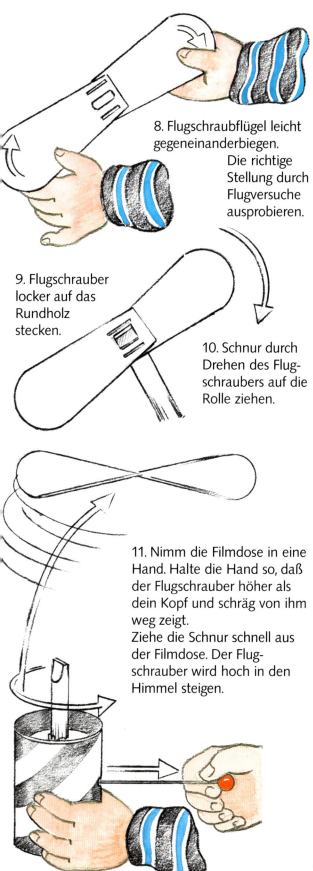

8. Flugschraubflügel leicht gegeneinanderbiegen. Die richtige Stellung durch Flugversuche ausprobieren.

9. Flugschrauber locker auf das Rundholz stecken.

10. Schnur durch Drehen des Flugschraubers auf die Rolle ziehen.

11. Nimm die Filmdose in eine Hand. Halte die Hand so, daß der Flugschrauber höher als dein Kopf und schräg von ihm weg zeigt.
Ziehe die Schnur schnell aus der Filmdose. Der Flugschrauber wird hoch in den Himmel steigen.

Pusterohr

Holunderzweig mit viel Mark

1. Pule das Holundermark aus dem Stöckchen.

2. Pflücke kleine, grüne Holunderbeeren, stecke eine Beere in das Röhrchen und puste feste …

Tollkühne Flieger

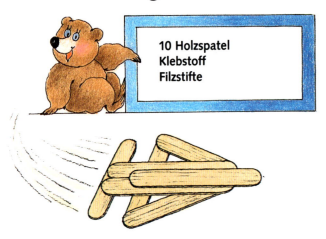

10 Holzspatel
Klebstoff
Filzstifte

Diese Flugzeuge fliegen nicht nur blitzschnell, sie sind auch blitzschnell zusammengebaut. Hier siehst du ein Modell aus 10 Holzspatel; es gibt aber noch viele andere Möglichkeiten.

Am besten, du probierst es aus und baust einige unterschiedliche Modelle, mit denen du dann eine Flugzeugschau veranstaltest …

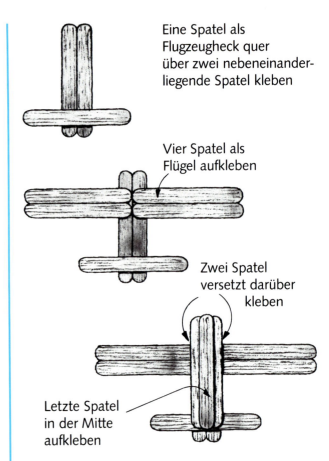

Eine Spatel als Flugzeugheck quer über zwei nebeneinanderliegende Spatel kleben

Vier Spatel als Flügel aufkleben

Zwei Spatel versetzt darüber kleben

Letzte Spatel in der Mitte aufkleben

UFOs

Karton in Postkartenstärke (farbig)
Butterbrotpapier
1 Holzschaschlikspieß
Messer, Schere
Klebefilm

Pause die Form von nebenan ab, übertrage sie auf Karton und schneide sie aus. Vergiß den Schlitz in der Mitte nicht!

Klebe über den Schlitz 4–6 Lagen Klebefilm. Schneide den Schlitz durch alle Klebefilm-Schichten hindurch noch einmal nach.

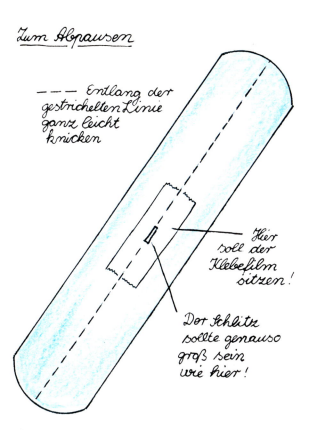

Schnitze dir den Holzspieß so zurecht, daß sein oberes Ende wie ein Schraubenzieher aussieht (Zeichnung unten).

Stecke dein UFO mit dem Schlitz auf dieses Ende, drehe den Spieß schnell zwischen beiden Händen – und ab schwirrt der Flieger!

Wenn der Schlitz nach 10–20 Starts ausleiert, einfach ein paar neue Schichten Klebefilm drüberkleben und nachschneiden.

Schachtel-Springer

**Leere Streichholzschachteln
Seidenpapier, Zwirn
Knetgummi, Klebefilm
Plakafarbe**

Erstaunt sieht Julia doch eben
ein Männeken vom Himmel schweben.
Hallo, ihr Bruder Jonas lacht,
das Kerlchen hab ich selbst gemacht.

1. Beklebe eine Streichholzschachtel mit Papier.

2. Male oder klebe ein Gesicht auf die Schachtel.

3. Klebe in die Schublade etwas Knetgummi. Du mußt ausprobieren, mit welchem Gewicht der Springer am besten in die Luft fliegt und wieder zur Erde schwebt.

4. Schneide aus Seidenpapier ein viereckiges Stück von 30 x 30 cm.

5. Befestige mit Klebefilm an jeder Ecke einen Zwirnfaden. Lege den Zwirn zu einer kleinen Schlaufe, dann hält er besser.

6. Falte das Papier entlang der gestrichelten Linien.

7. Falte das Papier jetzt so, daß es wie auf der Zeichnung aussieht.

8. Verknote die 4 Zwirnfäden miteinander.

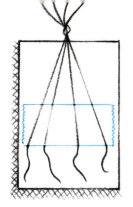

9. Klebe auf die Rückseite der Schublade die Fadenenden mit Klebefilm fest.

10. Lege die überstehenden Zwirnfäden nach oben und klebe sie mit Klebefilm fest.

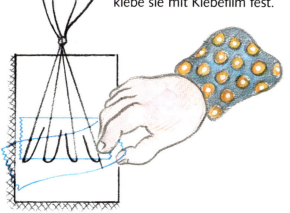

11. Schiebe die Schublade in die Schachtel.

12. Falte den Fallschirm zusammen, lege deinen Schachtelspringer auf den Schirm und werfe beide hoch in die Luft.

Echt tierisch!

Möchtest du mit dem Murmeltier Purzelbäume schlagen, mit der Ringelnatter die Tante erschrecken oder mit Freunden eine lustige Fliegenschnapper-Fütterung erleben? Du könntest aber auch einen Vogel zum Meckern bringen, „Wilder Hengst" spielen, dich als Zebra verkleiden oder kleine Tiere kneten.

Was du auch wählst, mit diesen Spielgesellen wirst du echt tierischen Spaß haben!

Murmeltier

Papier
Buntstifte
Butterbrotpapier
Schere, Klebstoff
1 Glasmurmel

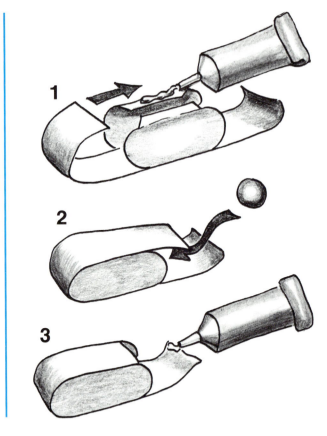

Dieses drollige Tier schlägt einen Purzelbaum nach dem anderen. Wenn du mehrere davon bastelst, können sie sogar um die Wette purzeln.

Pause die Vorlage ab und male sie farbig an. Dann schneide sie aus und falze sie wie auf Zeichnung 1. Lege die Murmel hinein und klebe die Form zusammen (Zeichnung 2 und 3).

Nun braucht dein Murmeltier nur noch eine schräge Fläche. Setze es oben hin und schau zu, was es macht …

Zum Abpausen!

Verlängere die Form beim Abpausen um 2,5 cm!

Hier verlängern

Korko, die Ringelnatter

10–13 Korken
50 cm Stoffband
Messer
Farben, Folienstift
2 Reißnägel
Klebstoff

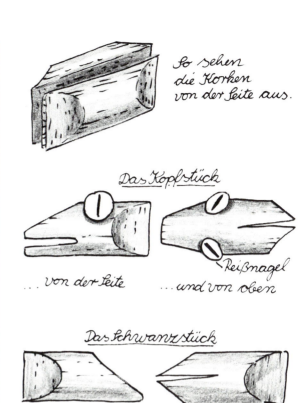

So sehen die Korken von der Seite aus.

Das Kopfstück
... von der Seite   ... und von oben
Reißnagel

Das Schwanzstück
... von der Seite   ... und von oben

Schneide mit dem Messer alle Korken so zurecht, wie du es auf der Zeichnung nebenan siehst. Dann klebe sie auf ein Stoffband. Auf Seite 132 siehst du, wie das gemacht wird.

Danach laß die Schlange gut trocknen, bevor du sie bemalst.
Wenn deine Mutter etwas alten Nagellack hat, kannst du der Schlange damit ein schillerndes Muster auf den Rücken tupfen.

Für die Augen nimm zwei Reißnägel, auf die du mit Folienstift (wasserfester Filzstift) zwei senkrechte Pupillen malst.

Korko versteckt sich manchmal im Schrank; dazu befestige ihr Schwanzende mit Paketband unter einem Schrankfachboden, ringele sie zusammen und schließe die Schranktür so, daß die Schlange in dieser Stellung festgehalten wird.

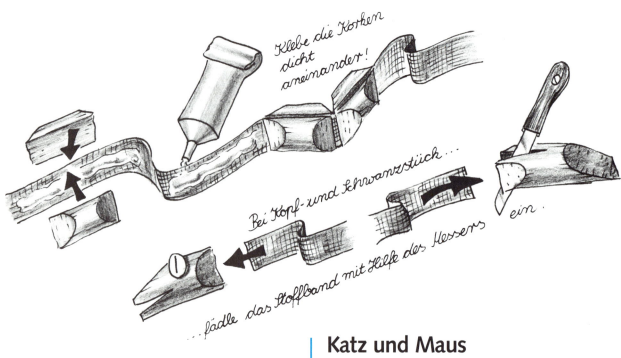

Wenn jetzt jemand die Tür öffnet, schlängelt sie sich ihm entgegen!

Katz und Maus

Festes farbiges Papier
Butterbrotpapier
Schere, Klebstoff
1 Strohhalm
Nadel, Faden

Wenn dieses Mobile fertig gebastelt in deinem Zimmer hängt, wirst du sehen, wie Katz und Maus umeinander „herumschleichen" und sich nicht aus den Augen lassen …

Auf der nächsten Seite findest du die Pausmuster für den Körper und die Köpfe. Pause zuerst die Spirale und den Katzenkopf ab und übertrage beides auf das Papier. Hast du die Teile ausgeschnitten, klebe der Katze Augen, Nase und Barthaare an.

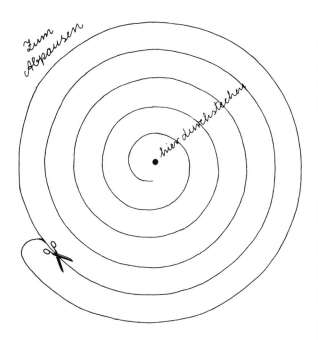

Ohren und befestigst ihn an einem Ende des Strohhalmes. Für die Maus machst du dasselbe noch einmal. Wenn beide Tiere am Strohhalm hängen, befestige in der Mitte desselben einen Faden. Jetzt kannst du das Mobile aufhängen und die Tiere durch Verschieben ausbalancieren.

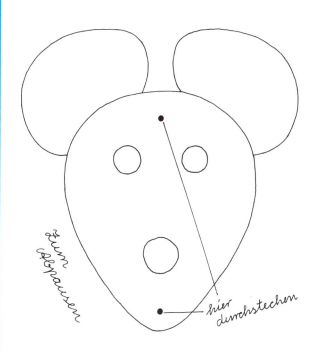

Kopf und Körper werden im Abstand von etwa 3 cm miteinander verbunden (Zeichnung rechts unten): Den Faden zuerst durch den markierten Punkt der Spirale ziehen, dann durch das „Kinn". Die Enden gut verknoten. Zum Aufhängen ziehst du einen Faden durch den Punkt zwischen den

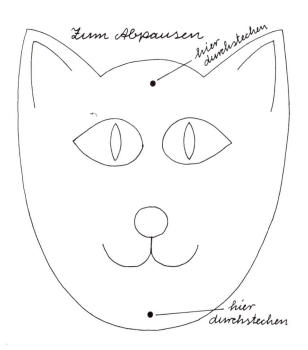

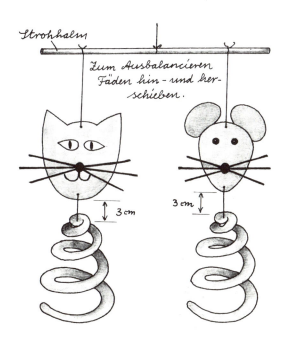

Fliegenschnapper

**Weißer fester Karton
farbiges Papier
Butterbrotpapier
Wasserfarben
1 leeres Orangennetz
Klebestreifen, Schnur
Walnüsse
Schere, Klebstoff**

Klebestreifen rund um das Maul an die Rückseite des Kopfes geklebt (Zeichnung 1). Zum Aufhängen bohrst du durch die beiden Punkte ein Loch, fädelst eine Schnur hindurch und verknotest sie (Zeichnung 2).

Und so entstehen bunte Fliegen:

Schneide aus verschiedenfarbigem Papier kleine Flügel zurecht, klebe sie auf die Walnüsse und male mit Filzstift Augen auf (Zeichnung unten). Zum Spielen brauchst du etliche Fliegen, und zwar jeweils 5 mit gleicher Flügelfarbe.

Der große grüne Fliegenschnapper frißt am liebsten Fliegen.

Auf Seite 135 siehst du, wie er gebastelt wird. Hier unten findest du das Pausmuster für seinen Kopf. Übertrage es auf den weißen Karton und schneide Kopf und Maul aus. Dann male den Kopf bunt an. Das Orangennetz wird mit einem breiten

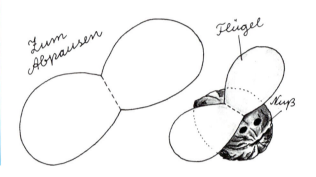

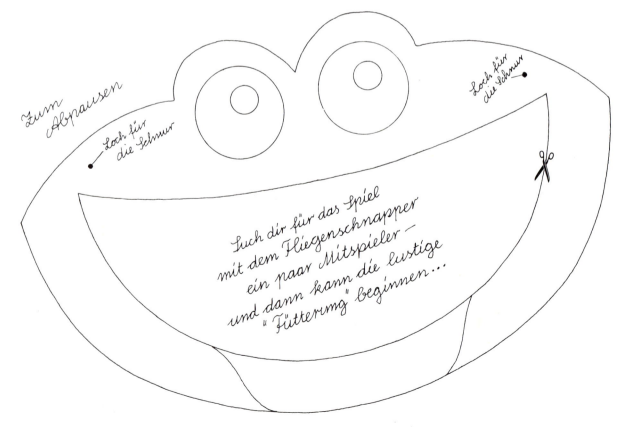

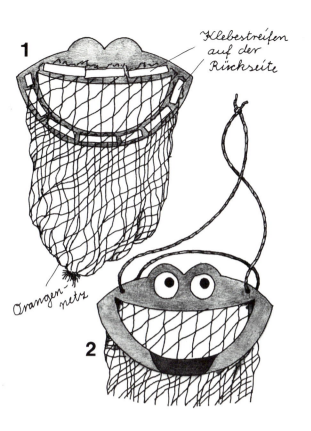

1 Klebestreifen auf der Rückseite

Orangennetz

2

Spielregel:

Der Fliegenschnapper wird aufgehängt. Jeder Spieler erhält fünf Fliegen mit gleicher Flügelfarbe. Der Reihe nach versucht jeder, aus etwa 2 m Abstand, eine Fliege in das Maul des Fliegenschnappers zu werfen. Wer als erster alle seine Fliegen verfüttert hat, ist Sieger.

Katze Miau

1 Klopapierrolle
festes Tonpapier
Butterbrotpapier
schwarzer Filzstift
Schere
Klebstoff

Mit ein bißchen Phantasie kannst du die Katze auch in einen Löwen oder in einen Hund verwandeln.

Die Klopapierrolle umklebst du mit einem Stück Tonpapier, danach paust du Vorder- und Hinterteil der Katze von unten ab. Du überträgst beides auf Tonpapier und schneidest die Teile aus.
Auch das Gesicht paust du ab. Die rosa Gesichtsform und die grünen Augen werden auf Tonpapier gezeichnet und ausgeschnitten. Die Augen klebst du auf die Gesichtsform. Dann malst du noch schwarze Pupillen, Nase, Schnäuzchen und die Barthaare auf. Das fertige Gesicht wird auf den Katzenkopf geklebt (Zeichnung 1).

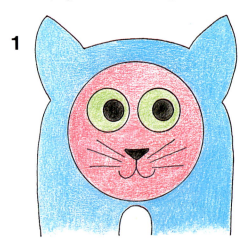

Bevor du alles zusammenklebst, schneidest du für den Schwanz einen 14 cm langen und 2 cm breiten Tonpapierstreifen aus.

Wie die einzelnen Teile zusammengeklebt werden, siehst du auf der Zeichnung 2.

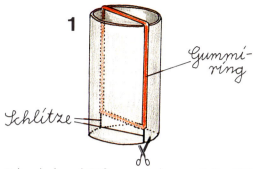

Schnabel und Füße paust du von Seite 138 ab, überträgst die Formen auf gelbes Tonpapier und schneidest sie aus. Der Schnabel wird gefaltet (Zeichnung 2) und an den Körper geklebt.

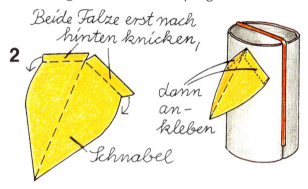

Die Füße klebst du mit den kleinen Laschen in die Rolle (Zeichnung 3).

Dieser Vogel kann meckern

1 Klopapierrolle
1 Gummiring
dünnes Tonpapier
bunte Papiere
Butterbrotpapier
2 Papierkugeln (⌀ 1,5 cm)
Schere
Klebstoff

Wenn du den Gummi oben am fertigen Vogel zupfst, fängt er gleich an zu meckern!

Zuerst umklebst du die Rolle mit blauem Papier. Dann wird links und rechts in die Rolle ein 1 cm langer Schlitz geschnitten. Da hinein klemmst du den Gummi (Zeichnung 1).

Auch ein Flügel wird von Seite 138 abgepaust, für einen Faltschnitt auf violettes Tonpapier übertragen und ausgeschnitten. Auf die aufgeklappten Flügel klebst du noch die abgepausten und ausgeschnittenen Federn aus Buntpapier.

Die ausgebreiteten Flügel klebst du auf die Rückseite des Vogelkörpers. Schließlich werden 2 Papierkugeln als Augen links und rechts vom Schnabel aufgeklebt und mit schwarzen Pupillen bemalt.

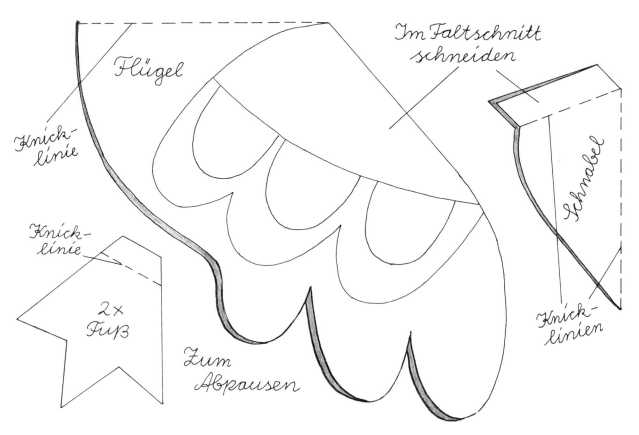

Schwirri mit den langen Beinen

1 Klopapierrolle
4 Blumenstützdrähte
(etwa 50 cm lang)
3 kleine Papierkugeln
1 Styroporkugel (Ø 5 cm)
2 abgebrannte
Streichhölzer
2 Holzperlen
festes Zeichenpapier
Butterbrotpapier
Plakafarbe, Pinsel
Klebefilm, Klebstoff
Schere, dicke Nadel

Fehlt dir vielleicht gerade noch ein Insekt für deine Tiersammlung? Hier ist es.

Zuerst malst du die Klopapierrolle und 2 Papierkugeln für die Augen an. Dann stichst du mit der Nadel an beiden Seiten der Rolle je 3 Löcher ein. Hier steckst du 3 Drähte so hindurch, wie es Zeichnung 1 zeigt. In der Rolle drückst du die Drähte nach oben und klebst sie dort mit Klebefilm an der Rolle fest. Biege die Beine etwas zurecht.

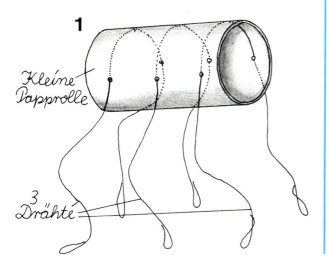

1
Kleine Papprolle
3 Drähte

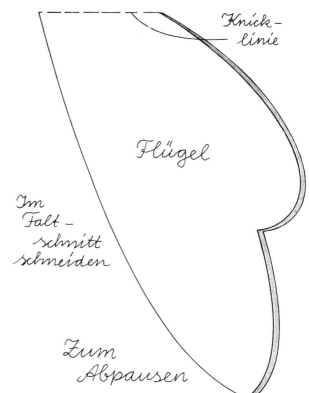

Knicklinie
Flügel
Im Faltschnitt schneiden
Zum Abpausen

Wie Kopf und Schwanz am Körper befestigt werden, zeigt Zeichnung 2. Der Kopf bekommt noch 2 Fühler und die beiden Augen.

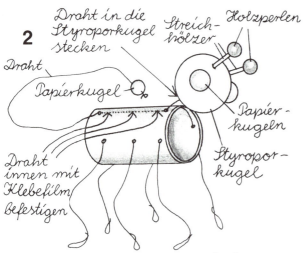

Den Flügel paust du von Seite 139 ab, überträgst ihn auf Zeichenpapier und schneidest ihn im Faltschnitt aus.
Du klebst die aufgeklappten Flügel auf den Rücken des Insekts.

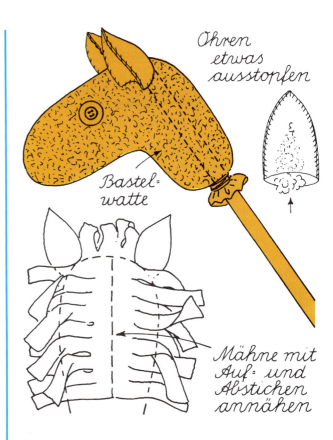

Pferd

1 alte Wollsocke
Bastelwatte
Filzreste, 2 Knöpfe
1 alter Besenstiel
2 m dicke Kordel
oder Seil
Nähnadel und Faden

Fülle zuerst den Fußteil der Socke bis zur Ferse mit Bastelwatte. Nachdem du den Besenstiel hineingesteckt hast, wird auch der restliche Sockenteil fest ausgestopft und zugebunden. Die **Ohren** sind aus Filz. Sie werden doppelt ausgeschnitten, zusammengenäht, etwas ausgestopft und am Pferdekopf festgenäht.
Als **Augen** nimmst du 2 Knöpfe.

„Wilder Hengst" spielen
Pflückt lange Grashalme und bindet sie so an eure Gürtel, daß sie wie ein langer Schwanz hinter euch herfegen. Einer ist der wilde Hengst. Wer ihn jagt und ihm dabei auf den Schwanz treten kann, hat ihn eingefangen. Er ist nun selbst der wilde Hengst und wird von den anderen gejagt.

Das Filzstück für die **Mähne** schneidest du auf den beiden schmalen Seiten ein. Nähe es so am Pferdekopf fest, daß die obersten Streifen als Stirnfransen zwischen den Ohren nach vorne fallen. Schau jetzt noch auf der Zeichnung nach, wie das Zaumzeug am Kopf festgeknotet wird.

von oben nach unten ein langer Streifen Klebeband. Klebe darauf die Faltkanten der Mähnenstücke fest und schneide danach den Knick auf (Zeichnung 2).

Für den **Schwanz** schneidest du lange Streifen in Fransen, legst sie übereinander und klebst sie an einer Wäscheklammer fest (Zeichnung 3). Damit kannst du den Schwanz am T-Shirt festklemmen. Auf Seite 142 findest du die Ohren.

dicke Kordel als Zaumzeug verknüpfen

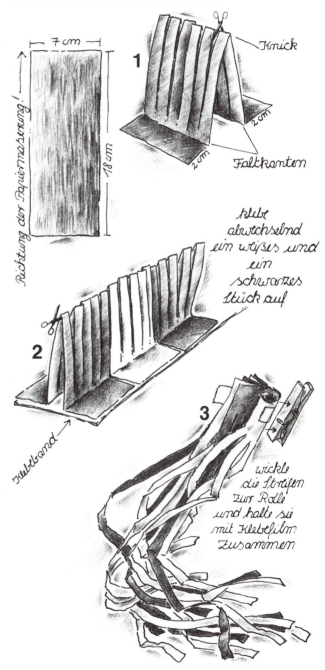

Zebra

T-Shirt, Strumpfhose, Turnhose und -schuhe in Schwarz (Dunkelblau) und Weiß
schwarzes und weißes Kreppapier
doppelseitiges Klebeband
dünner weißer Karton
Butterbrotpapier, Schere
Wäscheklammer
Hutgummi
Schminkstifte

Schneide dir für die **Mähne** schwarze und weiße Kreppapierstreifen zurecht. Falte die Streifen so, wie du es auf Zeichnung 1 siehst und schneide sie am Knick ein.
Auf den Rücken des T-Shirts kommt in die Mitte

Zebraohren bastelst du so: Pause das Muster von dieser Seite ab und übertrage es zweimal auf Karton, den du vorher in der Mitte gefaltet hast. Biege die Faltkanten um und ziehe an den markierten Stellen einen Gummifaden durch.

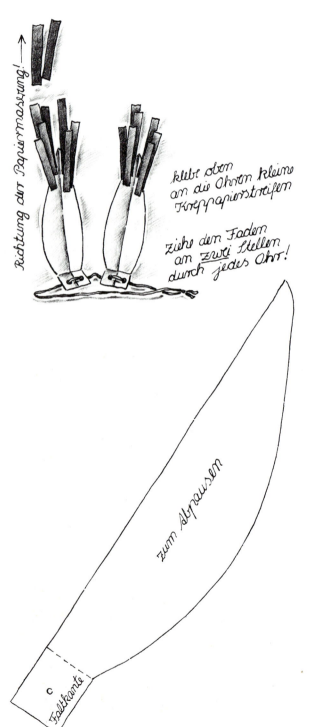

Hier siehst du, wie das Gesicht des Zebras geschminkt wird.
Und nun geht's auf in den Zoo…!

Paradiesvogel und Glückskäfer

Paradiesvogel:
Langärmeliger Pullover
einfarbiger Stoff
farbiges Papier
Eierkarton
Wasserfarben
Glückskäfer:
langärmeliger Pullover
roter Stoff, Mütze
schwarzer Filz, 2 Perlen
Pfeifenreiniger
für beide:
Nadel, Faden
Hutgummi
doppelseitiges Klebeband
Schere

Wer dem buntschillernden Paradiesvogel begegnet, der hat einen Wunsch frei. Und wer den kleinen Glückskäfer findet, der hat …!

Beide Tiere brauchen **Flügel:** Nähe die lange Kante des Stoffs mit Auf- und Abstichen am Pullover fest: Beginne an einem Ärmel, weiter über die Schultern zum anderen Ärmel. Schneide dann den Stoff in der Mitte ein.

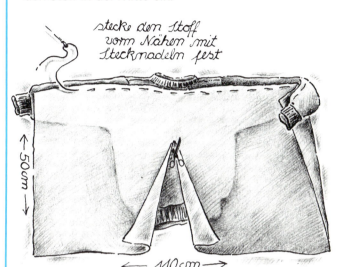

Vogel: Schneide viele ovale Federn aus farbigem Papier zurecht und klebe sie mit dem Klebeband so auf den Stoff, wie du es hier oben siehst.

Aus dem Eierkarton kannst du dir eine Schnabelmaske basteln. Schneide in die Mulden Augenlöcher und befestige am Rand einen Gummifaden (Zeichnung 1 + 2).

Käfer: Mit einem weißen Stift und einem Bierdeckel als Schablone werden Kreise auf den Filz gezeichnet. Schneide sie aus und klebe sie mit Klebeband auf den Stoff.

Außerdem trägt der Käfer eine Mütze. Auf der Zeichnung siehst du, wie zwei Pfeifenreiniger als Fühler daran festgeklemmt werden. Stecke zum Schluß noch zwei Perlen darauf.

Bunter Vogelschwarm

Verschiedene Korken
bunte Federn, Perlen
dünne Pappe, Faden
1 Stahldraht: 40 cm
lang, 1 mm dick
2 Stahldrähte: 25 cm
lang, 0,5 mm dick
Plakafarbe, Klebstoff
Messer, Flachzange

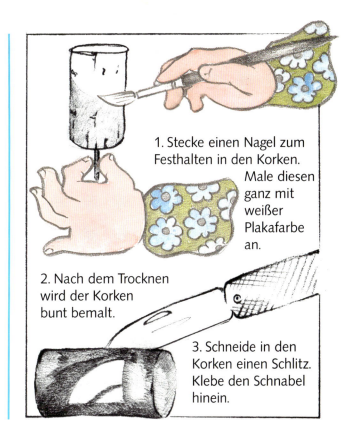

1. Stecke einen Nagel zum Festhalten in den Korken. Male diesen ganz mit weißer Plakafarbe an.

2. Nach dem Trocknen wird der Korken bunt bemalt.

3. Schneide in den Korken einen Schlitz. Klebe den Schnabel hinein.

Rundherum geht ihre Reise:
Ein blauer Vogel aus dem Eise,
ein Lori und ein Wiedehopf
schweben über deinem Kopf.
Nashornvogel, Papagei –
lautlos ziehen sie vorbei.

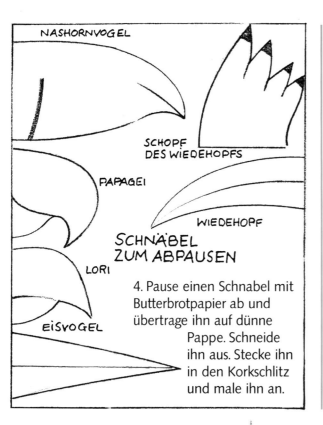

NASHORNVOGEL
SCHOPF DES WIEDEHOPFS
PAPAGEI
WIEDEHOPF
LORI
EISVOGEL

SCHNÄBEL ZUM ABPAUSEN

4. Pause einen Schnabel mit Butterbrotpapier ab und übertrage ihn auf dünne Pappe. Schneide ihn aus. Stecke ihn in den Korkschlitz und male ihn an.

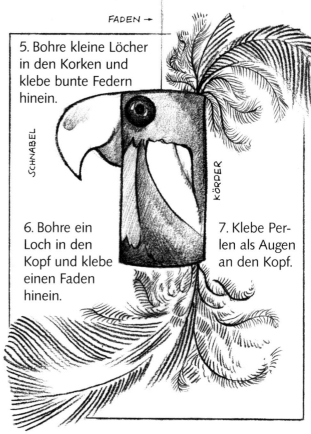

FADEN →
SCHNABEL
KÖRPER

5. Bohre kleine Löcher in den Korken und klebe bunte Federn hinein.

6. Bohre ein Loch in den Kopf und klebe einen Faden hinein.

7. Klebe Perlen als Augen an den Kopf.

FADEN
DRAHT

8. Biege die Drahtstäbe an jedem Ende zu einer Öse.

9. Hänge die Vögel so auf, wie du es hier siehst.

10. Schiebe den Faden an dem langen Drahtstab so lange hin und her, bis das Mobile mit allen Vögeln gleichmäßig gerade hängt.

11. Achte darauf, daß das Mobile so in deinem Zimmer hängt, daß sich jeder Vogel frei bewegen kann.

12. Verklebe alle Knoten.

← Beide Vögel hängen an einem Faden.

Kleine Tiere kneten

Knetmasse, Unterlage
abgebrannte Streich-
hölzer

Mit Tieren aus Knetmasse läßt sich wunderbar Zoo oder Bauernhof spielen. Du kannst sie aber auch verschenken oder als „Tischkarten-Träger" auf deinen nächsten Geburtstagstisch stellen.

Am besten formst du Tiere, die du schon einmal gesehen hast: die Giraffe mit ihrem langen Hals, die Ente mit den Watschelfüßen, das Schwein mit seinem Ringelschwänzchen und viele andere.

Als Beine kannst du auch abgebrannte Streichhölzer nehmen. Kleine buntbemalte Muscheln sehen hübsch als Flügel aus (hier unten siehst du einige Beispiele).

Sollen die Tiere Tischkarten tragen, legst du ihnen eine Decke aus Papier über den Rücken oder steckst ihnen ein Fähnchen in den Schnabel. Auf der Decke oder dem Fähnchen steht der Name.

*Forelle, Flamingo, Fuchs,
Fliege, Frosch,
Fledermaus, Ferkel, Floh, Fohlen:
Wem habe ich eine Feder gestohlen?*

Gute Besserung!

Schade, deine beste Freundin ist krank,
und Alleinespielen macht gar keinen Spaß.
Hättest du nicht Lust, etwas Schönes
für sie zu basteln und sie damit
zu überraschen?
Den Klappkarten-Hund kann sie sich auf den
Nachttisch stellen, Becherball und
Pfennig-Slalom kann sie auch gut alleine
spielen, mit den Stabpüppchen könntest
du ihr ein lustiges Theaterstück vorführen,
und mit Schwester Lucy bringst du sie
bestimmt zum Lachen…

Gute Besserung, Herr Bär!

Weißer Karton
farbiges Tonpapier
Butterbrotpapier
schwarzer Filzstift
Wollfaden
Schere, Klebstoff

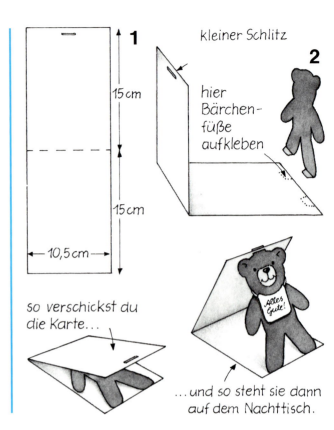

Zuerst wird die Klappkarte gebastelt (Zeichnung 1). Dann übertrage den Bär von unten auf braunes Tonpapier, schneide ihn aus und klebe ihn am unteren Ende der einen Klapphälfte fest (Zeichnung 2).

Schreibe auf sein Lätzchen deine Gute-Besserungs-Wünsche und hänge es an einem Wollfaden um seinen Hals.

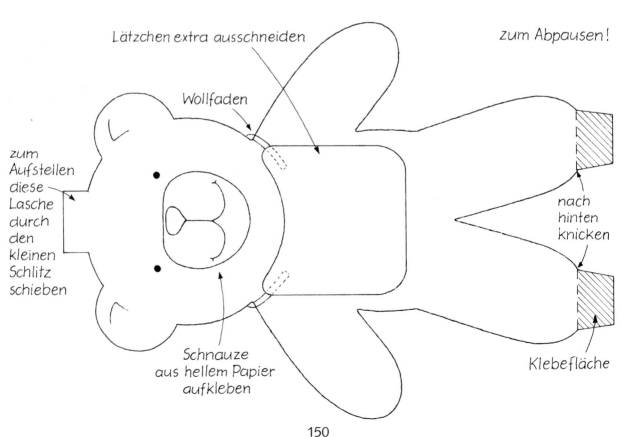

Der lustige Klappkarten-Hund

**Weißer fester Karton
farbiges Tonpapier
Butterbrotpapier
Kreppapier, Filzstifte
Schere, Klebstoff**

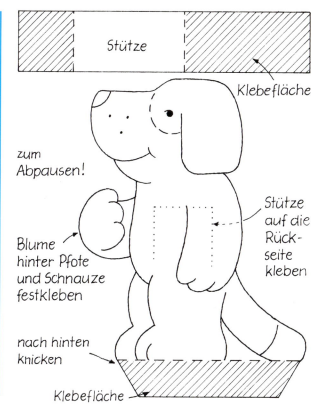

Klebe ein schmales Stück Karton als Stütze an der Rückseite des Hundes und am oberen Teil der Klappkarte fest (Zeichnung 2, nächste Seite). Du kannst dem Hund auch noch eine Kreppapierblume in die Pfote geben (Zeichnung 3).

Zuerst wird die Klappkarte gebastelt (Zeichnung 1). Übertrage den Hund von nebenan auf farbiges Tonpapier, schneide ihn aus und klebe ihn an der Klebelasche auf den unteren Teil der Klappkarte (Zeichnung 2).

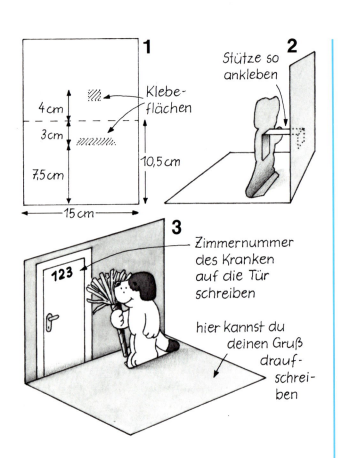

Lange Schlange, liegst so lange

**Weißer Karton
farbiges Tonpapier
Butterbrotpapier
Filzstifte, Farbstifte
Schere, Klebstoff**

Jemand, der lange das Bett hüten muß, freut sich bestimmt über diese lustige Klappkarte.

Bastle zuerst aus weißem Karton die Klappkarte, deren eine Hälfte 2 cm kürzer als die andere Hälfte sein sollte (Seite 153, Zeichnung 1).

Übertrage die Schlange von unten auf grünes Tonpapier und schneide sie aus. Klebe die Zunge an und male der Schlange mit grünem Farbstift ein Zickzackmuster auf.

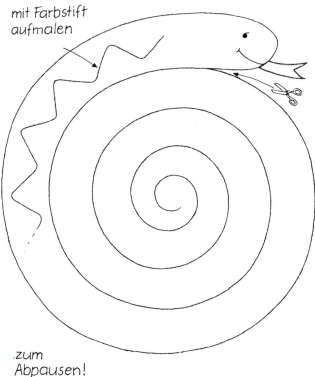

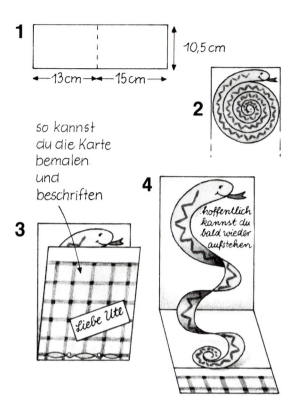

Klebe den Kopf oben am längeren Teil der Karte fest. Tupfe etwas Klebstoff auf die Schwanzspitze und klappe dann die Karte zu (Zeichnung 2). Klebstoff gut trocknen lassen! Wenn du die Karte aufklappst, steht die Schlange auf …

Bemale die Karte von außen so, daß es aussieht, als läge die Schlange im Bett (Zeichnung 3). Schreibe nun noch deinen Gruß in den Innenteil.

Fingertheater

1 leere Streichholzschachtel
Geschenkpapier
Farbstifte
weißes Papier
Schere, Klebstoff

Schneide zuerst von der Schachtelhülle 1 cm ab.

Dann schneidest du von der Innenschachtel eine kurze Seitenwand heraus, hier werden später die Finger durchgeschoben. Innenschachtel und Schachtelhülle umklebst du mit Geschenkpapier.

Stecke die Innenschachtel so weit in die Hülle, daß sie oben herausschaut. Für die Kulisse malst du kleine Bilder und steckst sie in die Innenschachtel.

Deine Finger mit aufgemalten Gesichtern sind die Puppen (Zeichnung 1 + 2).

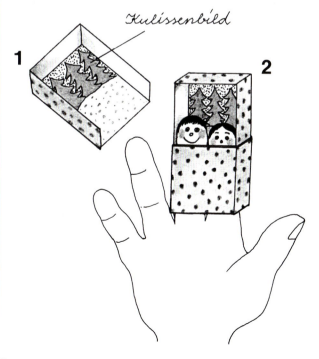

Bilderrahmen

7 Holzspatel
Klebstoff
spitze Schere oder Nagel
1 Bild (etwa so groß wie eine Postkarte)

Über dieses Mitbringsel freut sich jemand, der im Krankenhaus liegen muß, ganz besonders: Ein selbstgemachtes Bild oder ein Foto bringt etwas Heimeliges ins Krankenzimmer.

Auf den Zeichnungen 1–4 siehst du, wie aus 7 Spatel ein Wechselbilderrahmen entsteht. Male ein lustiges Bild und schiebe es seitlich in den Rahmen ein. Weil die Bilder nur eingeschoben werden, kann man sie nach Lust und Laune auswechseln.

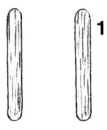

1 Zwei Spatel parallel zueinander hinlegen

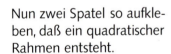

Nun zwei Spatel so aufkleben, daß ein quadratischer Rahmen entsteht.

2
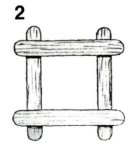

3

Zwei weitere Spatel genau über den ersten beiden Spatel festkleben – Klebestellen andrücken und Kleber trocknen lassen.

Mit spitzer Schere oder Nagel ein Loch bohren

4

Letzten Spatel als Aufhänger am Rahmen festkleben

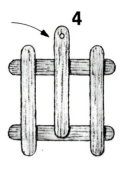

Bild oder Foto einschieben – fertig!

154

Becherball

16 Mini-Pappbecher
(oder Joghurtbecher)
1 Stück feste Pappe
5 Drehverschlüsse von
Saftflaschen
Filzstift
Klebstoff

Um so ein Becherballspiel zu basteln, mußt du zuerst tüchtig sammeln! Im Krankenhaus gibt es oftmals zur Tabletteneinnahme ganz kleine Pappbecherchen. Frag mal danach! Solltest du keine auftreiben können, sammelst du sauber ausgewaschene Joghurtbecher. Sie sollten etwa gleich groß sein.

Hast du 16 Stück beisammen, klebe sie dicht nebeneinander in 4 Reihen zu je 4 Stück auf die Pappe. Ist der Klebstoff getrocknet, schreibst du neben jede Reihe eine beliebige Punktzahl.

Beispiel: Die Becher in der vorderen Reihe bekommen den Wert 1, in der zweiten Reihe 3, in der dritten Reihe 5 und in der hintersten Reihe den Wert 10. Du kannst das Spiel alleine, mit deinen Geschwistern oder im Krankenhaus mit den anderen Patienten in deinem Zimmer spielen.

Spielregel:
Das Becher-Tablett stellst du etwa ein bis zwei Meter von dir entfernt auf. Nun wirfst du nacheinander mit den 5 „Bällen". Sind alle geworfen, schaust du nach, in welchen Bechern sie gelandet sind. Zähle die erreichten Punkte zusammen und notiere das Ergebnis.

Pfennig-Slalom

1 Blatt Papier
1 Stück Pappe in derselben Größe
Malstift
1 Pfennigstück

Damit im Krankenbett erst gar keine Langeweile aufkommt, bastel dir doch noch ein Geduldspiel.

Zuerst klebst du das Papier auf die Pappe. Zeichne nun am oberen Blattrand das START-Feld ein. Von hier aus soll später die Münze starten. Dann malst du auf das Blatt eine kurvenreiche Straße, die am unteren Blattrand im ZIEL-Feld endet. Damit das Spiel nicht zu einfach wird, kannst du die Straße einmal breiter und einmal ganz eng werden lassen.

Lege deine Münze oben ins START-Feld und lasse sie möglichst schnell die Slalomstrecke herunterrutschen bis in das ZIEL. Natürlich darf der Pfennig dabei nicht vom Weg abkommen!

Stabpüppchen

1 Blatt festes Papier
Klebstoff, Schere
Buntstifte, 3 Spatel

Mit solchen selbstgebastelten Stabpüppchen kannst du kleine ausgedachte Geschichten spielen.

Wenn dir die Püppchen von nebenan gefallen, brauchst du sie bloß abzupausen. Vielleicht magst du dir aber lieber eigene Figuren ausdenken. Zeichne sie auf das feste Papier und schneide sie aus.

Nach dem Ausmalen klebst du jedem Püppchen einen Spatel auf den Rücken. Beim Spielen hältst du die Püppchen am Spatel fest.

Wenn du eine Theaterbühne brauchst, besorgst du dir einen leeren Karton. Trenne die Rückwand heraus und schneide aus der Vorderseite ein Fenster in der gewünschten Größe aus. Stelle den Karton auf einen Tisch oder, wenn du im Bett liegen mußt, auf deinen Bauch, und schon kann die Vorstellung beginnen!

Zum Abpausen

Spatel

Schwester Lucy

- 1 Blatt Papier
- Butterbrotpapier
- Bleistift, Malstift
- Klebefilm
- 1 Papiertaschentuch
- 1 Spatel
- Schere

Schwester Lucy ist eine launische Person: Einmal lacht sie und macht lustige Sachen, und dann schaut sie plötzlich ganz böse.

So eine veränderliche Oberschwester kannst du dir ganz leicht basteln und dann mit verstellter Stimme ein Ein-Personen-Theaterstück aufführen.

Falte das Blatt in der Mitte, übertrage die Umrisse des Pausmusters darauf und schneide sie aus.

Klappe die Form auf.
Male hier die Lucy mit lustigem Gesicht.

Spatel auf die Rückseite kleben

Und hier mit grimmigem Gesicht

Papiertaschentuch in der Taille in Falten legen und mit Klebefilm auf der Rückseite der Figur befestigen.

Nun kannst du eine lustige oder eine schimpfende Lucy hervorzaubern; der lange Rock überdeckt immer den Teil, den du gerade nicht brauchst ...

Schwester Lucy von hinten

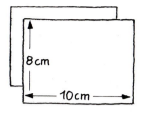

Zwei gleich große Papierstreifen fest zusammenrollen

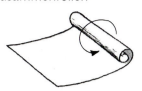

Beide Papierwürste in der Mitte knicken und in einen Gummiring einhängen

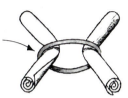

Die Knickwürste fest gegeneinander verdrehen. Das Gummiband zieht sich dabei wie eine Feder auf und läßt den Tassenschreck flitzen.

Der Tassenschreck

2 Papierstreifen
1 Gummiring

Hättest du Spaß daran, jemandem einen kleinen Streich zu spielen? Dann bist du sicher bald wieder gesund!
Wie der Tassenschreck entsteht, siehst du auf den Zeichnungen nebenan.

Das aufgewickelte „Schreckgebilde" legst du auf den Tisch, hältst es noch einen Augenblick fest und stülpst eine Tasse darüber.

So, nun wartest du seelenruhig ab, bis Schwester Lucy oder sonst wer die Tasse hochhebt ...

Quellennachweis

Die Beiträge stammen aus folgenden Ravensburger Bastelbärheften:

Almuth Bartl/Klaus Bliesener:
Bald bin ich gesund!
© 1991 Ravensburger Buchverlag
Otto Maier GmbH
Seiten 109, 110 li.o., 124, 154, 155, 156, 157, 158, 159

Susanne Becker: Hier bewegt sich was!
© 1987 Ravensburger Buchverlag
Otto Maier GmbH
Seiten 51 re.o., 52, 53, 54, 124 re.u., 125, 130, 131, 132 o.

Susanne Becker: Nasser Bastelspaß
© 1988 Ravensburger Buchverlag
Otto Maier GmbH
Seiten 56, 57, 112 re., 113 o., 114, 116, 117

Klaus Bliesener: ...und ab geht die Post!
© 1987 Ravensburger Buchverlag
Otto Maier GmbH
Seiten 150, 151, 152, 153 li.

Klaus Bliesener: Zauberhafte Zaubertricks
© 1988 Ravensburger Buchverlag
Otto Maier GmbH
Seite 17

Christl Burggraf: Kleine Welt im Schuhkarton
© 1989 Ravensburger Buchverlag
Otto Maier GmbH
Seiten 18 re.u., 19, 58, 59

Sabine Cuno/Kirsch & Korn: Alle deine Tiere
© 1984 Otto Maier Verlag Ravensburg
Seiten 132 re.u., 133, 134, 135, 147

Sabine Cuno/Kirsch & Korn:
Aus der Restekiste
© 1984 Otto Maier Verlag Ravensburg
Seiten 71, 72, 73, 74, 75, 76

Sabine Cuno/Kirsch & Korn: Bald ist Ostern
© 1987 Ravensburger Buchverlag
Otto Maier GmbH
© 1984 Otto Maier Verlag Ravensburg
Seiten 10, 16 o.

Sabine Cuno/Kirsch & Korn: Bald ist Weihnachten
© 1987 Ravensburger Buchverlag
Otto Maier GmbH
© 1984 Otto Maier Verlag Ravensburg
Seiten 35 re.u., 36, 37, 44, 45

Sabine Cuno/Kirsch & Korn:
Für die Spielekiste
© 1985 Otto Maier Verlag Ravensburg
Seiten 23, 24, 25, 26 li.

Sabine Cuno/Kirsch & Korn: Für meine Ferien
© 1987 Ravensburger Buchverlag
Otto Maier GmbH
© 1984 Otto Maier Verlag Ravensburg
Seiten 62, 63, 64, 110 li.u.re., 120

Sabine Cuno/Kirsch & Korn:
Mein Geburtstag
© 1987 Ravensburger Buchverlag
Otto Maier GmbH
© 1984 Otto Maier Verlag Ravensburg
Seiten 26 re., 27, 28

Elisabeth Gloor/Christl Burggraf:
Für kleine Indianer
© 1989 Ravensburger Buchverlag
Otto Maier GmbH
Seiten 104, 105 re., 140 li.u.re., 141 li.o.

Elisabeth Gloor: Für lange Ferienfahrten
© 1987 Ravensburger Buchverlag
Otto Maier GmbH
© 1986 Otto Maier Verlag Ravensburg
Seite 55

Elisabeth Gloor/Christl Burggraf: Glitzerkram
© 1990 Ravensburger Buchverlag
Otto Maier GmbH
Seite 33

Elisabeth Gloor/Sylvia Öwerdieck:
Wir basteln mit Nüssen
© 1987 Ravensburger Buchverlag
Otto Maier GmbH
Seiten 40 li.u., re., 41, 60, 61

Barbara Grijpink: Kastanien, Eicheln...
© 1988 Ravensburger Buchverlag
Otto Maier GmbH
Seiten 42, 43, 97, 98, 99, 100

Kirsch & Korn: Alles aus Papprollen
© 1991 Ravensburger Buchverlag
Otto Maier GmbH
Seiten 11, 21 re., 22, 34, 35 li., 136, 137, 138, 139, 140 li.o.

Kirsch & Korn: Bunte Papierblumen
© 1990 Ravensburger Buchverlag
Otto Maier GmbH
Seiten 18 li., re.o., 29, 30, 31, 32

Kirsch & Korn: Kunterbunte Spielmobile
© 1988 Ravensburger Buchverlag
Otto Maier GmbH
Seiten 48, 49, 50, 51, li.o.

Stefan Lemke u. Birgit Bock:
Durch Wald und Flur
© 1991 Ravensburger Buchverlag
Otto Maier GmbH
Seiten 94, 95, 96, 101, 102, 103, 105 li., 108, 111, 112, 123 re.

Stefan Lemke u. Birgit Bock: Flug-Zeug
© 1990 Ravensburger Buchverlag
Otto Maier GmbH
Seiten 121, 122, 123 li., 126, 127, 145, 146

Roswitha Löhmer-Eigener: Ich lade dich ein!
© 1992 Ravensburger Buchverlag
Otto Maier GmbH
Seite 80

Sabine Lohf: Mit Klammern und Knöpfen
© 1985 Otto Maier Verlag Ravensburg
Seite 77

Ulrike u. Wolfgang Metzger: Adventskalender
© 1987 Ravensburger Buchverlag
Otto Maier GmbH, Seiten 39, 40 li.o.

Ulrike u. Wolfgang Metzger: Die Schule fängt an
© 1990 Ravensburger Buchverlag
Otto Maier GmbH
Seiten 81, 82, 83, 84, 85, 86, 87

Ulrike u. Wolfgang Metzger: Hier wächst was!
© 1989 Ravensburger Buchverlag
Otto Maier GmbH, Seiten 90, 91, 92, 93

Ulrike u. Wolfgang Metzger: Mein Osterheft
© 1992 Ravensburger Buchverlag
Otto Maier GmbH
Seiten 12, 13, 14, 15, 16 u., 65

Sylvia Öwerdieck: Kleine Geschenke
© 1987 Ravensburger Buchverlag
Otto Maier GmbH
© 1986 Otto Maier Verlag Ravensburg
Seiten 20, 21 li.

Sylvia Öwerdieck: Verkleiden macht Spaß!
© 1987 Ravensburger Buchverlag
Otto Maier GmbH
Seiten 141 li.u.re., 142, 143, 144

Beatrice Tanaka: Puppen, Puppen, Puppen
© 1985 Otto Maier Verlag Ravensburg
Seiten 68, 69 (inkl. Foto), 70

Marianne Weber/Kirsch & Korn:
Mit Streichholzschachteln
© 1988 Ravensburger Buchverlag
Otto Maier GmbH, Seite 153 re.

Stefan Lemke: Fotos
© 1990, 1991 Ravensburger Buchverlag
Otto Maier GmbH
Seiten 95, 103, 111, 121, 123, 127, 145

Ulrike Schneiders: Fotos
© 1987, 1988 Ravensburger Buchverlag
Otto Maier GmbH
© 1984 Otto Maier Verlag Ravensburg
Seiten 11, 13, 15, 19, 31, 35, 37, 43, 45, 51, 53, 57, 59, 83, 87, 98, 99, 109, 115, 117, 131, 135, 139, 143, 157

Thomas A. Weiss: Fotos
© 1987, 1988 Ravensburger Buchverlag
Otto Maier GmbH
© 1984, 1985 Otto Maier Verlag Ravensburg
Seiten 17, 23, 27, 41, 61, 63, 71, 73, 75, 151

Wir danken den Autoren und Verlagen für die freundliche Abdruckgenehmigung:
Josef Guggenmos, „Schnell fragen! Schnell antworten!" aus: Josef Guggenmos, „Zwei mit vier Beinen".
© 1990 Beltz Verlag, Weinheim und Basel.
Programm Beltz & Gelberg, Weinheim.
Gulliver-Taschenbuch Bd. 70, Seite 147.

„Osterhase" und „Zum Trost"
aus: „Ich und Du und die ganze Welt", herausgegeben von Helme Heine.
© 1979 und 1984 Gertraut Middelhauve Verlag Köln + Zürich, Seiten 13, 152.